一生食べられる働き方

村上憲郎
Murakami Norio

PHP新書

JN283872

はじめに

私がはじめてコンピュータに触ったのは、一九六九年のことです。

当時、左翼学生だった私は、京大闘争に参加してキャンパスを占拠していました。占拠などというと物騒ですが、機動隊が排除にでもこない限りは退屈なものです。暇つぶしに、キャンパス内にあった富士通製のメインフレーム（大型汎用機）をちょっといじってみたのが私のコンピュータ事始めでした。

なぜ「ちょっといじってみ」ようと思ったかというと、前年に公開された『2001年宇宙の旅』というSF映画に出てくるHAL《ハル》9000という、人工知能（AI：Artificial Intelligence）型のコンピュータに触発されて、コンピュータに興味をもったからです。

まだコンピュータの入力にはパンチカードを使っていた時代のこと。森口繁一先生の『JIS FORTRAN入門』を仲間と回し読みしながら、パンチカードで入力していたのを思い出します。

そんなこともあってコンピュータへの興味を深めた私は、大学を卒業すると、当時ミニコンピュータをつくっていた日立電子㈱に技術者として就職することになりました。

本格的にコンピュータサイエンスを学んだわけではなく、大学では火炎瓶ばかりつくっていた私が、ひょんなことからコンピュータの世界に足を踏み入れたのです。

以来私は、コンピュータに関わりながら四〇年以上にわたって仕事をしてきました。

日立電子時代にはミニコンピュータの技術者として働き、日立電子がミニコンから撤退したのを期に、ミニコンのトップ企業であった米国DECの日本法人に移ってからはセールスとマーケティングに転じました。後でくわしく述べることになりますが、当時の通産省がAI型のコンピュータの開発をめざした第五世代コンピュータプロジェクトなどに関わって、さらに、AIの世界に深く関わることとなり、一九八六年には「ミスターAI、DEC本社に転勤」などと報じられて、DEC米国本社のAI技術センターに転勤するまでになりました。丸五年間のDEC本社勤務を経て、DEC日本法人に帰任し、そのマーケティング担当取締役を務めた後は、インフォミックス、ノーザンテレコムジャパン、ノーテル・ネットワークスと、外資系IT企業の日本法人の代表取締役社長を歴任することになりました。ちょうど世界がITバブルに沸き返っていた一九九〇年代です。

ITバブル崩壊後、ドーセント日本法人の設立を経て、私はある新興企業からヘッドハンティングを受けることになりました。グーグルです。二〇〇三年から、米国本社の副社長兼日本法人の社長となって、名誉会長を退いた二〇一〇年末まで、若く優秀な社員たちと共に働く機会を得ることができました。

学生運動に力をいれすぎて「凶状持ち」となり、就職もやっとコネで押し込んでもらったような私ですが、気がつけばコンピュータ産業の急成長と並走し、しかも最も成長性の高い分野をうまく渡り歩いてくることができました。

どうしてこんなことが可能だったのか、本音をいえば「ついていた」としかいいようがありません。私をよく知る人は「ツキの村上」とあだ名するくらいで、実際私は幸運な男なのでしょう。とはいえ、グーグルを退職してからは自由の身となり、最近は若い聴衆に向けて仕事論を語らせてもらうことも増えましたから、少しは後進の役に立つこともいいたくなってきました。

「どうすれば食っていけるのか」「どうすればいい仕事ができるのか」といった若い皆さんの切実な悩みに対して、「ツキが大事だ」といってすませるわけにもいきません。

そこで、「何か自分が若い世代にアドバイスできることはないのか」「幸運だったのは確かだとしても、自分の考え方や行動が幸運を引き寄せたということはないだろうか」という視点から、これまでの自分の経歴を振り返ってみよう——ということで書きはじめたのが本書です。もとより、過去を振り返って考える以上、都合よく事実を解釈したり、記憶を再構成してしまったりすることは避けられないと思います。その意味で「後ヂエ」の話であることにはご注意いただかなければいけません。なるべく「村上憲郎は、その時こうした」という事実だけを述べるように心がけたつもりですが、バイアスや美化の混ざっているであろうことを踏まえて、批判的に読んでいただければと思います。

本書が、真剣に仕事について考えている若い世代、さらには世代を問わない職業人の皆さんに、多少なりとも「働き方のヒント」を与えるものになれば幸いです。

二〇一二年三月

村上憲郎

一生食べられる働き方

目次

第三章●自分の強みを活かす

第一章●明日の食料に戦慄せよ

理想に燃えた左翼学生の転向

私は一九四七年生まれで、いわゆる「団塊の世代」の第一集団に属します。ちょうど、戦後日本の復興と経済成長をリアルタイムで体験した世代です。

それがどういう時代だったかは、小学校一年生のときのクラス写真を見るとわかります。

最前列に座っている子どもは足元が見えるのですが、よく見ると七割ほどは靴を履いていない。下駄か草履です。残りの三割はほとんどがズック靴。そして、二人だけ革靴の人がいました。一緒に写っている校長先生と担任の先生のお二人です。

信じられないことに、ズック靴さえ履かせてもらえなかったこの貧しい子どもたちは、三〇年後には世界第二位の経済大国を支えるビジネスマンに成長します。

そしてその後、海外出張のときに、可愛い息子に頼まれてナイキのエア・ジョーダンを買って帰る親バカになるわけです。団塊の世代は、そういう激しい変化を経験しています。バブル経済も体験したけれども、それ以前に、リアルな貧しさも知っているのです。

ですから、一九七〇年に大学を卒業して就職したとき、私にとっての働く理由とはなによりも「食うため」でした。やりがいとか自己実現とかいう以前に、「明日の糧を得るためには働くしかない」という強固な動機づけがあったのです。

こういう割り切りができたのには、貧しさのほかにもう一つ、世代論的な背景があるかもしれません。

団塊の世代は、別名を「全共闘世代」といいます。少しものを考える学生はみな左翼だった時代、経済学の教授はマルクス主義経済学派ばかりだった時代に学生時代を過ごしました。かくいう私もかなり過激な左翼学生で、お巡りさんと派手にやりあったクチです。おかげで就職が難しくなり、なんとか縁故を頼って潜り込ませてもらうことになりました。

このあいだまで革命をめざしていた左翼学生が、資本家の経営する会社に入って働く。これは大げさにいえば「転向」です。「昨日までのお前の理想はなんだったんだ？」という心の中の声と折り合いをつける必要がありました。だからこそ、「四の五のいわず、ともかく食わなきゃしゃあないじゃないか」と割り切る必要があった。そういう側面もあったと思います。

残業二〇〇時間、身を粉にして働く

私が縁故入社した日立電子㈱は、科学技術用のミニコンピュータをつくっていた会社でした。

当時はまだパーソナル・コンピュータが出現するずっと以前の時代で、コンピュータといえばメインフレームと呼ばれる大型汎用機のことをさした時代です。日立グループでは日立本社がメインフレームの開発を手がけており、米国のIBMと競争していました。一方、科学技術計算や機器の制御といった分野では、比較的小型のマシンも普及しつつありました。これがミニコンピュータで、こちらは子会社である日立電子の担当だったのです。

理系の技術職として日立電子に入社した私を待っていたのは、月に残業二〇〇時間というめちゃくちゃな生活でした。

当時、私が担当していたプロジェクトの一つは、福島第一原発の振動実験です。建設中だった五号機と六号機の地震対策のため、原子炉に微弱な振動を与え、そのデータを収集する。データに「フーリエ変換」という数学的な処理をし、地震が来て大きく揺れた場合の安全性を確認する。その試験で使う「高速フーリエ変換」というソフトウェアを、アセンブラというプログラミング言語で書いていくというのが私の仕事です。

残業二〇〇時間というのがどういう生活かというと、まず「家には寝に帰るだけ」というのが通常時の話。

デバッグ（ソフトの点検と修正）のような大詰めに入ると、いよいよ家に帰ることさえできなくなります。ソフト屋である私が夜中までデバッグをしていると、「これはどう見てもハードのほうがおかしい」と気づきます。すると、ハードウェアの担当者を呼んできて機材を見てもらいます。そのあいだだけは休めるので、部屋の隅で仮眠をとるのです。といっても、仮眠室などありませんから、我々が「プチプチ」と呼んでいた梱包材にくるまってゴロ寝です。

しばらくするとハードの担当者から「おい、直ったよ」と声がかかるので、起きだしてデバッグに戻る。何時間か作業を続けて、またハードの問題にぶち当たったら、やはりプチプチにくるまって寝ているハードウェア担当者を起こす……デバッグが終わるまでは延々とこの繰り返しなのです。最後のほうになると、両方共同でデバッグ作業しているという状態です。

きつくなかったかといえば、もちろん「きついな」と思っていました。もともと私は扁桃腺が腫れやすいたちだったので、年に一度くらい、疲れが限界に達すると高熱を出して倒れたものです。

男だらけの職場でしたから、「そういえば今月は女の人を三人しか見ていない。庶務の女の子と、売店のおばさんと、食堂の賄いのおばさんだけだ」と気づいて愕然としたこともありました。

ハードワークでつかんだ自分にとっての「大義」

そんな状況でも、このあいだまで左翼学生だった私が夢中で働き続けることができたのは、「食わなければ」という意識のほかに、いくつか理由があったと思います。

まず、何よりも仕事が面白かったということ。当時はパーソナル・コンピュータが生まれるはるか以前の時代です。日に日に進歩する技術の最先端を、次から次へと体験することができました。しかも、ソフト屋とハード屋がいっしょにゴロ寝しながら仕事をしているような環境ですから、コンピュータのことを、ハードとソフトの両面から、隅から隅まで学べたわけです。特に、大学でコンピュータサイエンスを本格的に学んだことのなかった私にとって、この環境は、またとない学びの機会でもありました。しかも、元々ソフト屋として仕事をしていた私にとって、ハードの細部の動作を体験できたことは、掛け替えのない幸運でした。

理論だけでなく、現場では熟練した先輩技術者の凄みを見せつけられました。

工学部出身の私は、電子回路の基本的な理屈はよくわかっているし、少なくとも1と0を追いかけるだけでいい論理回路の図面を書くことも、読むことも難なくできました。ところが、実際に回路をいじってみると、私が担当した部分は動作が安定せず、使い物にならないといったことが起こるのです。

悪戦苦闘していると、工業高校卒の長年現場で調整をやっている先輩が覗きこんで、「アハハ、村上くん、これじゃ動かんよ」と笑うのです。

先輩は、「アースを細い電線から太い同軸ケーブルに変えてみろ」といいます。しかし、線が細かろうと太かろうと、図面上の論理的違いはないはず。半信半疑で同軸ケーブルをつなぐと……とたんに動作が安定してピクリともしなくなりました。

いくら知識があっても、実際にどうすれば機械が動くかは現場で回路を見てきた人にしかわからない。理屈先行だった私は「現場の洗礼」にあったわけです。

でも、こうして次々と技術を学んでいくのは、「知りたがり」な私にとって何よりも面白いことでした。

学生時代に触れたコンピュータは、まだ遠い存在でした。パンチカードで入力して、結果がプリントされて出てくる。いってみればブラックボックスです。

しかし、日立電子では次から次へと新しい分野を覗かせてもらったうえ、仕事を通じてハード・ソフトを問わずコンピュータの隅から隅までこの目で見ることができたのです。

残業二〇〇時間生活に耐えられたのは、仕事が面白かったからこそです。

このような激務を続けられたもう一つの理由は、仕事をするなかで、ある種の「大義名分」を見つけたことでしょう。

さまざまなプロジェクトに関わっていくうち、「コンピュータのシステムをつくるということが、回り回って何がしかの社会に対する貢献になるのでは」と思うようになったのです。

学生のときに頭でっかちに社会変革を志したのとは違う意味で、自分が社会に対してできることを考えはじめたわけです。

全共闘世代というのは、やはりどこかに「大義」を背負っていたい、というところがあるのでしょう。就職してからの私も、自分で納得できる「大義」を探していたのだと思います。

ただ、その「大義」は、あくまで仕事の枠内で見つけようと思いました。会社勤めのかたわら休日に市民運動をするとか、ボランティア活動をするとかいうのには違和感があったのです。

自分がいま社会に関わっているのは、主に会社員としてです。何しろ、残業が二〇〇時間に達するほど働いていて、ほぼ生活のすべてを会社の仕事に費やしているわけですから。

にもかかわらず、「仕事はさておき、休日はボランティア活動をして社会に貢献しています」というのでは、自分を偽ることになる。「こっちで金儲けをしてるんだけど、その分こっちでいいことしたからチャラでしょ」という論理は、自分の「堅気」の生活をバカにすることになる。

さらには、自分を助けてくれる「堅気」の先輩たち、同僚たちをバカにすることでもあると考えたのです。

だから自分としては、あくまでも「日立電子㈱情報システム部技師補三級村上憲郎」として何ができるか、社会にどう貢献できるかを考えたかった。そうでないと筋が通らない、と思っていました。

もっとも、仕事の枠内で「大義」を見つけるにあたっては、当時の私はかなり幸運な立場にいたことも事実です。

当時、ミニコンピュータのSEという職業には、はっきりとしたミッションがありました。科学技術研究や機械制御といった分野で、それまで手回し計算機（どういうものかわからない人は、画像検索してみてください）でやっていた作業をコンピュータに置き換えていくことです。それは、当時はじまりつつあった「自動化」の流れをリードする役割でもあり、ひいては日本の産業の基盤を強化する仕事でもありました。

ですから、まだ若い一技術者でありながら、自動化を通して社会のインフラづくりに貢献することが可能だったのです。

電力中央研究所といっしょにやった、福島第一原子力発電所のプロジェクトはその典型でした。いまとなっては信じられないかもしれませんが、オイルショックによって日本経済が揺らいだ当時、原子力発電には日本の、そして世界の未来が託されていました。「原子力によってしか、日本のエネルギー需要は賄えない」という危機感が社会全体に共有されていたのです。

郵政省の電波研究所の電離層観測衛星「ひまわり」の観測データの解析に携わったこともあります。これなども、電波状況を改善して、よりよい国際通信を実現していくという役割に、端っこであれ貢献しているという実感がありました。

私が担当するクライアントは、社会に対して役割を果たしている。その仕事の一部を少し手伝わせていただくという形で、私は「大義」を見出すことができたわけです。幸運なめぐり合わせとしかいいようがありません。

日立電子時代の私は、こんなふうにいつも仕事の意味を考えながら働いていました。元左翼学生として、いろいろと考え、理屈をつけないと「堅気」の仕事を続けられないという条件下にあったことは、いま思えば幸運だったと思います。

学生時代は大人しく勉強して、教授のいうとおりに就職して、大過なく仕事をしていたら、あっさりしたつまらない人生だったかもしれません。悩んだからこそ、自分の仕事に「大義」を見出すことができたともいえるのです。

日立電子で学んだ仕事と会社の本質

「大義」云々を別にしても、私は日立電子で働けてほんとうによかったと思っています。

「ツキの村上」で有名な私ですが、最初のツキはまちがいなく就職のときに日立電子に出合ったことでしょう。

前にも述べたように、親会社の日立製作所が当時主流だったメインフレーム（大型汎用コンピュータ）を扱っていたのに対して、日立電子ではミニコンをもっぱら扱っていました。

ミニコンだったら、一つのプロジェクトの担当がせいぜい三人ぐらい。場合によっては一人でやらせてもらえます。つまり、ソフトウェアからハードウェアまで、全体を見わたすことができるわけです。仕事の細分化が進んだ大型機の世界ではそうはいきません。

また、入社直後に受けたトレーニングも、大きな財産になりました。

技術職で入社した新入社員には、最初に「設計企画（デザインルール）」の研修があったのですが、その初日が工業簿記の講義だったのです。

工業簿記とは、材料を仕入れて製品をつくって売る製造業を対象にした簿記のこと。くわしい内容は憶えていませんが、要するに「儲からない製品をつくっちゃあかん」ということを技術で頭がいっぱいの新米エンジニアに叩き込むわけです。

こちらは大学を出て、「日立グループのコンピュータ部門のエンジニアになったんだ」と思っているので、多少勘違いしているところがあります。その高くなった鼻っ柱をいきなりへし折られたのです。

「世界で一番でかいとか、小さいとか、速いとか、そんなものはどうでもいいんだ。儲かるやつをつくれ！」「儲からないと会社が成り立たんぞ！」というわけです。会社として当然のことなのですが、まだ左翼学生気分が抜け切らない私にとってはちょっとした衝撃がありました。

自分の習ったマルクス主義経済学でいうと、会社が儲かるのは「労働者を会社が搾取したからである」という話になっていました。ところが、「どうもそれだけじゃ説明がつかんな。自分が学生時代に本で読んだ〝会社〟とはまるで違う話だ」と感じたのです。

そのとき私は、「会社とは人類の貴重な資源である資本をお預かりして、それに利益を乗せて、社会にお返しするものだ。その役割を果たすことによってしか社会的に存在が認められないんだ」ということを、朧気《おぼろげ》ながら気づいたのだと思います。

つまり、「いい仕事はしたけれど大赤字でした」というのは人類の貴重な資源の無駄遣いにほかならない。それが「儲からない製品をつくっちゃあかん」のほんとうの意味なのです。社会に出て最初にそれを習ったというのは、元左翼学生にとってはとても有益なことだったと思います。

工業簿記の授業で目を開かされたのもつかの間、その後の日立電子勤務のなかで、私はさらに「会社」の、そして「仕事」の奥深さを学ぶことになります。

たしかに「儲からない製品をつくっちゃあかん」のですが、一方で職場では「顧客満足を最優先せよ」とも繰り返し、繰り返しいわれるのです。「いい加減なものをつくって高い金をとれば、なるほど利幅は伸びる。でもそれではリピートオーダーは来ないぞ」「やむをえない場合は、赤字を出してでもカスタマー・サティスファクションを追求しろ」というのは、日立グループ全体に共有される鉄則でした。

かと思うと、上司や先輩が折に触れて「手を抜け」といったりします。「カスタマー・サティスファクションというのは、お客さんが満足するわけだから、相手が満足すれば六割の仕事でいいんだよ」ということも徐々に教わっていくわけです。

最初はひたすら「儲からんとあかん」と叩き込まれる。その後で「カスタマー・サティスファクションが一番大事。赤字を出してでも追求しろ」と一見矛盾したことを教わる。そうこうしていると、「実はな、お客さんが満足すればそれでいいんだよ」と、また全然別の話を耳打ちされる。

もちろん、当時は「なんだ、それは?」と混乱しました。

しかし、いまになってみると、この「矛盾」の大切さがわかるのです。私はその後四〇年間のビジネスマンとしての人生を、三つの矛盾した原理のバランスをうまくとることで生き抜いてきたことに気づきます。

その意味で、日立電子は私に「会社」と「仕事」の基本も教えてくれた場所だったのです。

理想ばかり追うと仕事が上滑りする

かつての私もそうでしたが、いまの若い人たちも「働く意味」について考えています。いいえ、深く思い悩んでいる、といったほうがいいでしょうか。

講演などで私が若い人たちにアドバイスするのは、「あまり綺麗事を追い求めないほうがいいんじゃないか」ということです。

働きはじめたとき、私にとって働く意味とは「食うため」でした。身も蓋もない言い方ですが、なぜ仕事をするかというと、明日の食料に戦慄するからです。

働かなくては明日食うものがない、と恐れおののく。それが働くことの根底にあるんだということを一回とことん考えてみてはどうでしょう。

やがては仕事を通じた社会貢献であるとか、自己実現であるとか、会社のレゾンデートル（存在理由）であるとかいった「大義」を見つけるのはいいことです。けれども、最初から高邁な理想を追ってしまうと、どこか上滑りするような気がします。

戦後の日本は世界第二位のＧＤＰを達成し、八〇年代には「ジャパン・アズ・ナンバーワン」とまでいわれました。

ここ二〇年ほどは大変な時期が続いていますし、「格差社会」などといわれますが、それでも豊かな経済大国であることには変わりありません。飢えはありえない、あってはならないこととされる社会です。

ですから、若い皆さんに「団塊世代」の真似をしろとはいいません。真似しようもないでしょう。けれども、あえて「明日の食料に戦慄せよ」とだけはいっておきたい。せめて、コンビニの賞味期限切れの弁当を拾って食うしかない、という境遇になった自分をリアルに想像してみてほしいのです。

「人は何のために働くべきか?」という答えにたどり着くためには、そこから出発するしかないように思います。

第二章●セールスを愛したエンジニア——

技術職からセールスへ転向

前章で書いたように、私は日立電子でミニコンピュータのエンジニアというほんとうに面白い仕事に出合うことができました。これは幸運だったとしかいいようがありません。

ところが、予想もしていなかったことが起きました。入社から八年後の一九七八年、日立電子はミニコンピュータ事業から撤退を決定したのです。

当時、ミニコンの世界では、業界の巨人である米国のDEC社から32ビット機が登場し、飛躍的に技術水準が向上していました。

これはもういってもいいことだと思いますが、一九七〇年代の日本のコンピュータ産業がやっていたことは、アメリカのメーカーの製品のコピーがほとんどでした。メインフレームならIBM、ミニコンならDECのコピーです。いまではそんなことは忘れられてしまって、日本人は「中国人がコピー製品をつくる」といって非難しますが、ほんの三〇年前までは日本も似たようなものだったのです。

もちろん、日立電子も例外ではありません。最先端を走っていたDECのミニコンピュータを真似して自社製品をつくっていたわけです。

たとえば、日立電子には「HITAC10」というミニコンピュータのベストセラーがあります。七〇年代には国産ミニコンピュータの代名詞になったくらい売れた製品でしたが、これがなんとDECの「PDP－8」というマシンのコピーでした。

オリジナルのDECでは、12ビットマシンである「PDP－8」の後、七〇年代に入ると16ビットマシンの「PDP－11」を出します。「PDP－8」のコピー機を開発していた日立電子は、「PDP－8」の命令語体系を残して16ビット版にした、中途半端なコピー製品を出して追いかけました。それでも、日本では、ベストセラーとなりました。

一九七八年になると、DECは32ビットの「VAX11」を発売し、日立電子はいよいよ頭を抱えることになります。32ビットともなると、ハードウェア、ソフトウェアともにメインフレームと同等の複雑さを持つことになります。もしもコピーするとなれば、それ相応のリソースを注ぎ込まなければならないわけです。はっきりいって、日立電子という一子会社の手に余る仕事です。

一方、当時の日立グループは、メインフレームの世界でＩＢＭとの熾烈な競争のただ中にありました。これ以上ミニコンにリソースを割いて、「二正面作戦」を戦うような余力はとてもなかったのです。

それならば、もはや追いつける見込みのないミニコンピュータからは撤退しよう――という経営判断でした。

意外に思われるかもしれませんが、ミニコン撤退を知らされたときの私の感想は、「順当な判断だな」というあっさりしたものでした。もちろん、ミニコンに対して人一倍思い入れはありました。

しかし、だからこそ自分たちの実力はよくわかりますし、自分たちがコピー製品をつくっていたことも自覚しています。当時、世界のミニコンをリードしていたＤＥＣとの力量の差は歴然でした。だから「たしかに無理ですね」と納得できたわけです。

こういう次第で、撤退自体には異論はなかったのですが、一つ困ったことがありました。

これまでミニコンをやっていた私たち技術者に、かわりに用意された仕事がオフコンの開発だったのです。オフコンというのは、オフィスコンピュータの略称で、会計処理や帳票出力に特化したコンピュータのことです。

それまでの私は、原発の耐震試験や電離層観測衛星のプロジェクトで「フーリエ変換」とか「微分方程式」といった科学技術計算をやっていましたから、四則演算しかできないオフコンの開発では、あまりにも味気ないのです。

当時、私は「主任技師」という職階の一歩手前まで来ていました。主任技師を普通の会社の言い方でいうと課長にあたるので、その一歩手前ということは、係長あるいは課長補佐といったところでしょうか。それなりに順調には来ていたわけです。しかし、私はとにかく仕事が面白くなければやっている甲斐がないというタイプの人間でもありました。

オフコンをやれといわれて、すっかりやる気を失った私は、真剣に転社を考えはじめました。

また、私にツキが回って来たのは、その矢先のことです。なんと、あのＤＥＣの日本法人が新聞に求人広告を出したのです。

一九七八年当時だと、外資系企業といえば「生き馬の目を抜く世界」「極悪非道な人間の集まり」といったイメージでした（実際、入ってみてそのとおりだと感じたこともありましたが）。

だからといって、熟考の末、覚悟を決めてＤＥＣに応募したわけではまったくありません。とにかくミニコンが好きでしたから、そのトップ企業に入れるならそれに越したことはない。その程度の考えで、あまり後先を考えずに応募することにしたのです。

ただ、そのとき考えたのが、「はたして自分が今後も技術職でやっていけるか」ということです。

私は大学で専門的にコンピュータサイエンスをやったわけではありません。日立電子の恵まれた環境のなかで、付け焼刃の技術は身につけましたが、当時の日本のミニコンはアメリカのコピーです。ＤＥＣは私たちがコピーしていたオリジナルをつくっていた会社なのです。

「コンピュータを白紙からつくり上げてきた連中と、技術者として渡り合えるのか？」

そう自問自答してみると、答えは明らかにノーでした。

すでに、負ける戦いは学生運動で散々っぱらやっています。これからはもう勝ち戦でいくしかない。そんなことを考えていたとき、たまたま書店で『男を磨くのはセールスだ』という本を見つけたのです。

それがきっかけとなって、私は転「社」とともに、文字どおりの転「職」もすることを決意しました。DECには技術職ではなく、セールスとして応募したのです。

当時のDECは、とにかく勢いづいていました。日本へ進出してきて、「VAX11／780」という新機種が売れまくっていた時期で、猫の手も借りたいという状況でした。ですから、外資への転職といっても現在のようなヘッドハンティングによる中途採用とはだいぶ様子がちがいます。英語の試験などありませんし、そもそも「英語はできるか？」と訊かれた記憶さえありません。面接も人事部の面接が一回だけという性急さでした。おそらく、「それなりに業界で経験を積んだ人間が来たら雇ってしまえ」というような考えだったのでしょう。

ただ、技術者だった私がセールスを希望しているということで、面接のときに「ほんとうによろしいんですか？」と尋ねられたことだけは憶えています。

こうして私は一九七八年に日本DECに入社しました。ちょうど三一歳のときのことです。

そのとき、DECの日本法人の従業員数は二〇〇名。私が退職する頃には四五〇〇名になっていましたから、一七年で二〇倍の規模まで急成長したことになります。

英語もできないまま外資に転職した私が、なんとか働いているというのを聞きつけて、日立電子時代の同僚も何人か転職してきました。入社のタイミングのせいで、私の下につく形になった人もいて申し訳ない思いをしたこともありました。

結果的には、私の選択は正しかったわけですが、決して熟慮の末の選択だったわけではないことはすでにいったとおりです。

だから「ツキの村上」といわれるわけですが、よくよく考えてみると、私は昔から勘が鋭かったことは確かです。「この会社が伸びそうだ」とか、「このテーマが流行るぞ」といったことが、なぜかわかってしまうのです。いってみれば、「大局観」のようなものでしょうか。

DECにしても、ただ業界のリーディングカンパニーで、自分にとっても憧れの会社だったというだけでなく、その将来性にピンとくるものがあったからこそ応募したのだと思います。

こういう「大局観」がどうして身についたのかと聞かれても、自分でもはっきりとはわかりません。ただ、もしかすると左翼学生のシッポを引きずっていることと関係があるのかもしれません。

なにしろ、学生時代に真剣にめざしていたのが「世界革命」ですから、視野はいつでも人類全体まで広がります。お巡りさんにはコテンパンに負けたけれども、そのときの志みたいなものは何をしていてもどこかに残っている。もう革命はめざしていないけれど、世界（地球）という球体にいつも思いを馳せているのです。

いつもこれだけ高い視点から見る習慣が身についていると、ぼんやりとではありますが、これからの世界が進んでいく方向が見えてくる。いくつかある選択肢のうち、どちらがより成功確率が高そうかがなんとなくわかってくるものです。

あえていえば、それが大局観を持てる理由、勘が鋭くなった理由でしょうか。

外資系企業でのカルチャーショック

あまり深く考えず、勘に任せてDECに入社した私ですが、いざ働きはじめてみるとカルチャーショックは相当なものでした。

まず驚いたのは、働いている女性たちが綺麗だったことです。

DECで働いていた女性というのは、赤いマニキュアをして、IBMのタイプライターの前に優雅に脚を組んで座って、細巻きのタバコをフーっと吹かす。そんな感じの華やかな人ばかりでした。

それまでは月に女性を三人しか見ないような職場で働いていた私は、「こんなところにいてていいのかな」と複雑な気持ちを味わったものです。

私の同僚となったセールスマンたちも、私がイメージするセールスマンとはまったく違ったタイプの人たちでした。

高価そうなアタッシェケースを当たり前のように持ち歩いているとか、職場で葉巻やパイプを吸っていることにも驚いたのですが、なによりびっくりしたのはセールスに行かないことでした。お客さんから電話がかかってくるのを待っているのです。

しかも、やっと電話がかかってきても、応対の態度が大きい。「はいはい、何が欲しいの？　予算はあるの？　場所は？　わかった、行く」といった感じなのです。

もちろん、セールスマン全員がこうだったわけではありませんし、特にひどい人たちはその後、淘汰されていきました。ただ、私が入社した当時は、とにかく、DECのマシンは、飛ぶように売れて、人手がいくらあっても足りない時期だったために、かなり問題のある人でも働く余地があったということだと思います。こういうセールスマンは、元商社マンで、何かをしくじって転職してきたという人が多かったように記憶しています。能力にかなり問題があっても、英語が喋れて、コンピュータが少しわかるという人なら、まだ大威張りでセールスマンをやれていたのです。

一方、私は入社早々、英語の壁に直面しました。

憶えているのは、女性社員たちにいじめられたことです。「村上さん、電話」といわれてとると、相手は外国人。いきなり英語をまくし立てられ、こちらは何もいえないまま冷や汗を流すしかない。そんな私を見ながら、女性社員たちが笑っている声が聞こえてきます。

さすがにこれはまずいと思いました。からかわれるくらいならいいのですが、英語ができないというだけで、ろくに仕事をせずに電話を待っているような連中の風下に立たなければいけないというのが耐え難かったのです。

もちろん、日立電子にも窓際で日経新聞を読んでいるだけ、というような管理職はいました。けれども、そういう人たちは長年コツコツと仕事を続けてきて、自分の専門分野については知り尽くしている。困ったときに相談すれば非常に頼りになる、尊敬できる上司であり先輩だったのです。その下につくことは十分に納得できました。

ところが、DECでは英語ができるというだけで、まったく仕事ができない先輩セールスマンがのさばっている。はっきりいって、彼らが私より優れているのは英語力だけだとすぐにわかりました。

そこから、私の「三〇の手習い」がはじまりました。くわしくは『村上式シンプル英語勉強法』(ダイヤモンド社)に書いたので繰り返しませんが、一日三時間の英語学習を三年間続けたのです。

働きながら一日三時間というと過酷なようですが、もともと残業二〇〇時間生活をやっていましたからどうということはありませんでした。

日立電子の経験が活きた、はじめてのセールス体験

このように英語には苦しんだものの、それ以外の面では私はとても恵まれていたと思います。ＤＥＣに入社した私は、自分の適性にぴったりの職場を与えられたのです。

配属されたのはテクニカルＯＥＭという部門でした。エンドユーザーに直接コンピュータを売るのではなく、ＤＥＣのコンピュータを自社製品に組み込んで売っている会社へのセールスです。

私が担当させられたのは、安川電機や明電舎といったクライアントです。たとえば明電舎だと、当時は東京電力の地下変電所の制御装置をつくっていて、そこにＤＥＣのミニコンピュータを組み込んでいました。

テクニカルOEMでは、エンドユーザーとの直接のやりとりはなく、そのかわりに専門知識を持った顧客の購買部のなかに入り込んでコミュニケーションしていく必要がありま す。そうなると、製造業のお客さんの考え方がわかっているほうが何かと便利です。おそらく、わたしの前歴を見たうえで、人事が絶妙なマッチングをしてくれたのでしょう。

実際、営業では顧客の工場を回りはじめると、日立電子での経験が活かされることになりました。

ものづくりの現場で鍛えられるなかで、私は知らず知らずのうちに「日本の工場」のリテラシーを学んでいました。背広の上着ではなく、ナッパ服を羽織って働いている現場の担当者と、いわば「工場語」で語り合うことができたのです。

私が商談をするのは、立派な会議室ではなく、いつも工場の片隅でした。そこに粗末な机が置いてあって、資材部や工務部といった部署の方とお話するのです。

商談のとき、たとえばお客さんに「納期なんだけど、あまり早く入れられても困るんだよ」といわれる。現場を知らない人だったら、「早く納品して何が困るんだ?」と思うでしょう。しかし、私は日立電子でさんざん工場を見ていますし、ありがたいことに工業簿記のイロハまで教わっていたので、相手のいいたいことがすぐわかりました。

「なるほど、あまり早く入れると仕掛残高が増えて、期末の計算のとき帳簿上まずいってことか」と、即座に理解できる。そこで「わかりました。それでしたら一週間くらいずらして、四月の第一週に納品できるようにしますので」と対応すると、お客さんに喜んでもらえるわけです。

ちなみに、納期を遅らせてくれという要望を受けたときにどう対応するか。こちらとしては早く売上を立てたいのですが、ちょっとした工夫をすれば簡単に問題は解決できます。売上は出荷時ベースなので、たとえば三月の二五日にこちらから出荷して、あとは年度が変わるまで一週間ほど運送会社にうまいこと配送を遅らせてもらえばいいのです。そうすれば、こちらは売った、向こうはまだ届いていないということで、お互いの目的はちゃんと達成されるわけです。どうということはないテクニックですが、こういう知恵が回ったのも工場のルールがわかっていたからこそです。

また、顧客の業務フローが理解できるので、工程表をイメージしながら仕事ができるのも私の強みでした。

主要顧客の一つだった明電舎なら、明電舎自体の工程を把握しているのはもちろんです。そのうえ、私は明電舎の顧客である東京電力の工程までなんとなく見当がつきました。つまり、直接の顧客と、そのさらに上流にいる顧客の都合まで勘案して提案ができたわけです。

そこで、自社の生産計画と先方の工程と照らし合わせて、「東電さんがここでテストをする日数を考えなければいけませんから、逆算すると……この日までに発注していただけないと、納期に間に合いませんよ」などと、具体的なアドバイスをすることができました。いってみれば、私の営業スタイルは「工程表売り」みたいなものでした。

もっとも、正直なところ、多少納期のサバを読んで前倒し受注をいただいたこともなかったわけではありませんが。

私が「工場語」を解することがわかると、お客さんも興味をもって「村上さん、もとはどちらにいらしたんですか」などと聞いてきます。そこで「日立電子小金井工場におりました」と答えると、とたんに相手の見る目が変わるのがわかりました。「ああ、この人は仲間だ」「アタッシェケースを抱えてパイプをくわえてくる奴とはちがう」と一気に信頼してもらえたのです。

こんなふうにして、私は日立電子での経験に助けられて、新人セールスにもかかわらず顧客の信頼を得ることができ、ずいぶんかわいがってもらえるようになりました。先方の担当者からすれば、私は取引先の営業マンというよりも、購買部の一員といった感じだったと思います。

「しゃべらない営業」に教えられたこと

テクニカルOEMという、自分の持ち味を活かせるポジションにマッチングしてもらえたことに加えて、優れた先輩セールスマンが親切に営業のノウハウを教えてくれたのもありがたいことでした。

前述したように、DECで働いていたセールスマンのなかにはかなり問題のある人、単に英語ができるだけという人も多かったのですが、本当に優秀な尊敬すべき先輩ももちろんいました。

なかでも、私が特に多くを学んだのがKさんという先輩です。「工場語」がわかるおかげで、取引先と円滑なコミュニケーションができることはたしかに私の強みでした。しかし、本当に売れる営業マンになるためには、しゃべりすぎてもいけない。むしろ、黙っているくらいのほうがいいこともある。それを教えてくれたのがKさんでした。

ある日、Kさんに「ちょっとノリさん、営業に行くけど、暇だったらついてくる？」といわれて彼の得意先についていったときのこと。お客さんを前にしたKさんは、「今度こういうのをうちで出すんです」といってパンフレットを渡すと、それきり口をつぐんでしまいました。製品について説明するでなし、かといって世間話をするわけでもありません。

Kさんが話さないのはいつものことなのか、相手の担当者も何もいわずに渡されたパンフレットをしばらく読んでいました。

しばらくして、パンフレットにひと通り目を通した担当者が「これ、ちょっとスペックだけ見た限りではよさそうですよ」と感想をいうと、Kさんは「そうですか。じゃあ何かわからないことがあったら連絡してください。本社に問い合わせますので。一週間後にまた来ます」というと、もう荷物をまとめはじめてしまいました。驚いたことに、その日の訪問はそこで終了だったのです。

一週間後、またKさんについて同じ得意先を訪問すると、先方の担当者が待ち構えていて、「Kさん、くわしく検討してみたら、この間の新製品はすごいよ。どこがすごいかというと……」と、DECの新製品についてうれしそうに説明をはじめるではありませんか。

Kさんはといえば「ああ、そうですか。うちのマシンはそんなにいいんですか」と、とぼけた返答をしている。大丈夫かなと思いましたが、お客さんは「もう予算はとったから」というのです。

なんのことはない、Kさんは新製品パンフレットを渡して帰って、次の回にはお客さんから商品説明をしてもらったあげく、あっというまに受注してしまったのです。

もちろんこれはかなり極端な例だったのでしょうが、「余計なことをしゃべらない」というのがKさんのセールスのスタイルでした。

すっかり感心して、帰り道に「Kさんはしゃべらないんですね」というと、「いや、私はノリさんみたいに資料を読んでも、全部はわからないから。だから、お客に読んでもらってるだけだよ」と、Kさんは多くを語りませんでした。しかし、「セールスというのはしゃべりすぎるのもよくないんだよ」と、Kさんが教えてくれたことが私にははっきりとわかりました。

振り返ってみると、それまでの私の営業スタイルは、たしかにしゃべりすぎの嫌いがありました。

私の場合、なんといってもミニコン技術者出身ですから、資料を見れば製品のセールスポイントくらいは把握できます。お客さんにある程度うまく説明することもできるという自信がありました。

ですから、新製品が出るたびにきちんと資料に目を通して準備したうえで、お客さんに向かって滔々《とうとう》とまくし立てるようなセールストークをしていたのです。

ところが、当時ミニコンを買っていた企業の技術屋さんというのは、みなミニコンの専門家です。「ミニコンについては自分が一番よく知っている」と自負している人たちなのです。

そういう方々を前に得意げに製品説明をしたら、反発を受けるのは当然でしょう。「お前みたいに、この間DECに入ったような奴になんで説明されなければいけないんだ。こっちは何年DECのミニコンを使ってると思ってるんだ」というわけです。

こういうお客さんを相手にする以上は、Kさんのように余計なことをしゃべらず、むしろお客さんの説明を拝聴するというスタイルがより正解に近いのです。

また、Kさんのような営業スタイルがうまくいったのは、DECというブランドの性質によるところも大きかったと思います。

何度か書いたように、DECは当時、ミニコンピュータの世界をリードしていたトップ企業です。DECのミニコンを買おうという顧客は、例外なくDECに惚れ込んでいるお客さんでした。

こういう顧客は、自分こそが目利きだと思っているわけで、セールスマンの説明など求めていません。ちょうど、スポーツカーの愛好者みたいなものです。新車のスペックを説明してもらうのではなく、むしろ自分がうんちくを垂れて、セールスマンに「さすが、わかっていらっしゃる」といってもらいたいのです。ルイ・ヴィトンとかアルマーニといったハイブランドのショップで、得意客にわざわざ「これがおすすめです」と売り込まないのも同じこと。お客さんが商品を手にとったところで、「お目が高い」と褒めて買わせるのがうまいセールスなのです。

私は、もともとおしゃべりということもあって、ついしゃべりすぎてしまうという欠点を早い段階でKさんに正してもらえたおかげで、その後の私は順調に営業成績を上げることができました。

入社一年目からトップセールスになり、入社二年目には「デカスロン」という社内表彰を受けることになったのです。

「デカスロン」というのは、世界中のDECセールスのなかから、トップセールスが選ばれるものです。私はなんと、日本DECはじまって以来初の受賞者として、バミューダで開かれる表彰式に招待されたのです。

受け取った招待状には「表彰式とその後のパーティでは、タキシードを着ること」と書いてあり、当然そんなものは持っていない私は、人事部に「衣装代は出してもらえないんですか」とかけあったことを憶えています。

ともあれ、自分にあったポジションと優れた先輩の助けによって、私は順調に営業マンとしての道を歩み出すことができたのです。

はじめての管理職体験、カーネギーとの出合い

急成長中のＤＥＣには、とにかくどんどん人が入ってきました。

当時のＤＥＣがいかにハイペースで人を採用していたかを物語るエピソードがあります。入社したばかりのある人が新人研修に参加したら、隣の席には自分を面接した採用担当者がいた、というのです。おそらく、人事部に採用された新入社員が、早速面接に駆り出されたのでしょう。冗談のようですが、ほんとうにこんなことがあったのです。

そんななかで、幸いにも営業で実績を上げ続けることができた私は、すぐにユニットマネージャーに昇進することになりました。

自分で数字を上げることに加えて、部下のマネジメントもしなければならなくなったわ

けですが、これがなかなか大変でした。なにしろ管理職というのは初体験だったからです。

日立電子時代も、それなりに順調に昇進してはいたので、一応は部下にあたる後輩たちがいました。とはいえ、エンジニアの集団にはあまり上下関係はありません。みんなで実験室で遊んでいるようなざっくばらんな関係です。

さすがにセールスとなると、そういうわけにはいきません。チームで結束して目標を達成するという厳しさがあるからです。となると、ユニットマネージャーになった以上は「人様をマネージするなんて無理だ」ともいっていられないのです。

ですから、ユニットマネージャーになったときには「ああ、どうすりゃいいんだろうな」と途方にくれたものです。

そうこうするうちに、管理職研修に行くことになりました。外資系の会社というのは合理的というか身も蓋もないというか、管理職になった社員はすぐに外部の管理職研修に放り込んでしまいます。

私が参加したのは、赤坂見附で開かれていた「デール・カーネギー・マネジメント・コース」という研修でした。

正直なところ、ここで受けた講義の内容はまったく憶えていません。

しかし、テキストだったカーネギーの『人を動かす』との出合いは、まさに私のビジネス人生の転機となりました。一読して感銘を受け、以来私は『人を動かす』の目次をコピーしてデスクの引き出しに入れておくようになったのです。

毎朝出勤すると、コピーを取り出します。目次の項目を眺めて、「ああ、昨日もまた間違えた」「実践できなかった」と赤面するためです。この習慣はコピーがボロボロになるまで続きました。

私は特別なことをしているつもりはなく、マネジメントをするほどの人なら誰でもこの程度の努力はしているのだと勝手に思っていました。

こうした努力の甲斐あってか、部下たちは確かに数字を出してくれるようになりました。

しかし、大変だったのは売れた後でした。

品質管理に厳しい日立グループ出身の私からすると、当時のＤＥＣの品質管理は言語道断なレベルでした。「デッド・オン・アライバル（到着時に故障）」というのですが、ほとんど全部の製品が日本に着いたときには動かないのです。

もっとひどい例もありました。あるとき、日本に着いた製品をお客さんのところに運び、梱包を開けて据付調整をはじめたところ、フィールドサービスのエンジニアが私のところにやってきてこっそり耳打ちするのです。「村上さん、箱のなかにこんなのが入っていた」といって見せたのは、コカ・コーラの缶でした。しかも、手に持ってみるとまだ半分くらい中身が入っているのです。運搬中に箱のなかで倒れなかったのは奇跡でした。一九八〇年代のアメリカの品質管理というのはそんなレベルだったのです。

着いたときに動かないような製品を、フィールドサービスが無理やり動くように調整して納品するのですが、すぐにまた壊れるに決まっています。当然お客さんに叱られることになる。「村上さん、ちょっと大変だよ」と電話がきて、「じゃあ、いまから行きます」と会社を飛び出し、五反田に行ったり沼津に行ったりと飛び回ることが頻繁にありました。

もちろん、営業の私だけでは不具合はなんともなりませんから、フィールドサービスの部門とも交渉して人手を出してもらわなければいけません。あまりに「出動」が多いので、大口顧客の工場に近い横浜に営業所を出したり、沼津の工場にはエンジニアをほとんど常駐させたりしました。

血相を変えて走り回り、胃に穴が開くような毎日でしたが、カスタマー・サティスファクションを実現するために、必死でがんばるのは当然と、私は考えていました。

問題は部下たちです。自分が厳しくムチを入れるタイプの指揮官だったとは思いませんが、親分が「カスタマー・サティスファクション命」とばかりに走り回っていれば、その必死さは下にも伝わってしまいます。すると、いつのまにかみんなで血相を変えてがんばることになってきます。

気がついたときには、チーム全体が燃え尽き症候群のような感じになりかけていました。

そのとき、私を救ってくれたのは、Mさんという同じマネージャー仲間のひと言でした。

「ノリさん、みんなあんたと同じじゃないからね。お客に迷惑かけて大変だと思うのはわかるんだけど、お客さんは命までくれとはいわんから」

部下と一緒にバーンアウトしかけていた私をみかねていってくれたのでしょう。このひと言で、急に気持ちが楽になったのを憶えています。

ちょうど同じころに読んだのが、デール・カーネギーのもう一つのベストセラー『道は開ける』です。

カーネギーはこの本で、最悪の事態を想定せよといいます。私の場合でいえば、あまりに製品の不具合が多くて契約を破棄され、「持って帰ってくれ」といわれるのが最悪の事態でしょう。

面白いもので、「最悪でもそれか」と覚悟すると、なにかしら精神的な余裕が生まれてきました。

思うに、どこまで落ちるかわからない奈落の底を覗きながら落ちないように努力するのと、底が見えている状態で、最悪それを覚悟したうえで、それよりは、少しでもマシなところに持ち込めないかと努力するのとでは、精神の安定度がまるで違うということなのでしょう。

こうして、先輩の言葉と『道は開ける』に目を見開かされたことで、私はいい意味で肩の力を抜くことができたのです。

　いまになって振り返ってみると、実に大変な日々ではあったけれども、ＤＥＣ製品の品質のいたらなさによって私は学ばされたと思います。

　すでに述べたように、当時のＤＥＣ製品というのは、目利きたちに熱狂的に支持される魅力を持っていました。設計思想に関しては、当時のコンピュータサイエンスの最先端を体現していたからです。

　ただし、動かないのが大問題でした。「素晴らしいマシンをつくろうとしているのはよくわかるんだけどなあ……」と、専門家が口を揃えるタイプのコンピュータだったのです。

　ちょうど、先進的な設計でありながらフリーズすることが多く、扱いが厄介だったかつてのアップルのＭａｃのようなものでしょうか。

　そういう製品と付き合っていくうえで、私がいつも部下にいっていたのは「ＤＥＣのお客さんは、いいもの買ったと思っているんだ。だから、ずっといいもの買ったと思い続けてもらえるようにするのが我々の仕事だ」ということです。

半ば冗談ではありますが、「『どうせ私を騙すなら、騙し続けてほしかった』という歌があるだろう。お客さんを騙し続けなさい」ともいいました。

単なる粗悪品を売りつけて、こんなことをいっていたら許されないでしょう。しかし、DECの製品はその設計思想においては世界最高なのです。製品としての若干の綻《ほころ》びがあるにしても、フィールドサービスといっしょになって必死に尻拭いをすればちゃんと動く。考えようによっては、最終検査を顧客のところでやっているようなものといえないこともない。それなら、お客さんに喜んでもらうために必死にがんばろう、と考えたのです。

こうして必死に努力したからこそ、私はマネージャーとして大切なことを学ぶことができました。もしも完璧な製品を扱っていたら、そうはいかなかっただろうと思うと、やはり私はついていたといわざるをえません。

第五世代コンピュータプロジェクトと「ミスターAI」

必死に仕事に取り組んでいるうちに、一九八二年からは新しい仕事を任されることになりました。

当時の通産省主導の「第五世代コンピュータプロジェクト」の担当部長に選ばれたのです。

「第五世代コンピュータプロジェクト」は、世界で勝負できる独自の人工知能（ＡＩ）マシンを開発しようという野心的な国家プロジェクトでした。

当時、人工知能（ＡＩ）を開発できるコンピュータは、ＤＥＣの独擅場だったため、通産省は最初からＤＥＣに名指しで協力を要請してきました。そのため、私は通産省が大蔵省に出す予算案の作成段階からミーティングに参加することになり、東京タワーの下にあった機械振興会館に通ったものです。

ところで、なぜ私に担当部長のお鉢が回ってきたのでしょうか。その理由を人事部の担当者に聞くと、「見回したところ村上さんぐらいしかいないから」という答えが返ってきました。

私は新しいもの好きの知りたがりで、新製品のパンフレットも全部読んでしまうような、ちょっと頭でっかちな勉強好きでもありました。すでに書いたように、それはセールスとしてはかならずしも向いていない性格です。

ただ、「第五世代コンピュータプロジェクト」のようにあまりにも野心的すぎて先が見えないプロジェクトには、私のように放っておいても先回りして勉強する者のほうが向いていると判断されたのでしょう。

人工知能（ＡＩ）に携われることは、私にとっても非常にうれしいことでした。「はじめに」で述べたように、もともと、コンピュータに興味をもって大学にあったメインフレームをいじってみたのも、映画『２００１年宇宙の旅』を見て、それに出てきた人工知能（ＡＩ）型のコンピュータに興味をもったからです。その念願が十数年ぶりにかなって、人工知能の世界に飛び込むことができたのです。

さっそく私は、人工知能に関する文献をアメリカから段ボール箱いっぱい取り寄せて一気に読破していきました。

のちに私は、「ミスターＡＩ」などと呼ばれることになるわけですが、人工知能について一応の知識を身につけたのはこのときのことです。いまでもＤＥＣ時代の同僚に会うと

「村上さんはあのとき、三カ月くらいで段ボール箱いっぱいの本を読んで、またたくまにミスターＡＩになったね」といわれます。

ただ、種明かしをすると、実は段ボールいっぱいの本をすべて読んだわけではありません。最初の三分の一ほどを読んだら、あとはほとんど同じ話の繰り返しだと気づいたので、残りの三分の二は、流し読みだったのです。「第五世代コンピュータプロジェクト」を契機に、日本ＤＥＣは人工知能のプロジェクトを開始して、業界に旋風を巻き起こします。

なにしろ、当時、競合のＩＢＭの営業マンでさえ「人工知能でしたらＤＥＣさんに相談してください」といったほどでした。とにかく、人工知能開発用のコンピュータといえばＤＥＣしかないという状況だったのです。ＮＥＣ、富士通、日立、東芝、松下、シャープといった日本企業がそろって人工知能開発用の最上位機種を買っていきました。それまでは日本に三台ぐらいしか来てなかった機種が、一年でその倍も売れたのです。あまりの売れ行きに、その機種を担当していたラージコンピュータグループという部署の副社長がわざわざ日本に来て、祝賀パーティを開いてくれたほどでした。

私は営業部長に昇進し、人工知能プロジェクトのリーダーも任されることになりました。「第五世代コンピュータプロジェクト」が、順調に走りはじめた後は、私の営業としての担当エリアは東京から北海道にまで広がり、札幌や仙台に次々と営業所を設立しながら、自分でもセールスを続けました。

その一方、人工知能の応用システムを日本中に売るため、ＤＥＣの米国本社にしかなかった「人工知能技術センター」という機関を、日本にも設立し、そのセンター長も務めることになりました。

先端技術の架け橋として

セールスという新しい仕事が順調にいって「デカスロン」を受賞し、マネージャーとしては部下が順調に育ってくれるようになったところで、まったく新しい、しかも自分にとって念願だった人工知能（ＡＩ）に関係した仕事に関わることができた。それは、ＤＥＣという最先端の会社にいたからこそです。

当時、「第五世代コンピュータプロジェクト」のお陰で、人工知能（ＡＩ）は、日本でブームでしたから、競合のＩＢＭなども日本に研究所をつくって必死で研究をしていた時代です。にもかかわらず、営業現場で知識ベースシステムといった人工知能（ＡＩ）絡みの需要があると、当のＩＢＭのセールスマン自身が「それはＤＥＣさんに頼んだほうがいいでしょう」と白旗を上げてしまう。そのくらい、人工知能（ＡＩ）に関してＤＥＣの技術は抜きん出ていました。

「第五世代コンピュータプロジェクト」に関わっていくなかで、私は最先端の技術を生み出すＤＥＣの力の源泉を目にすることになりました。

それはひと言でいうのなら、大学との連携です。

当時、アメリカにおける人工知能（ＡＩ）の研究は、軍の予算で行われていました。ＤＡＲＰＡ《ダーパ》（Defense Advanced Research Projects Agency：国防高等研究計画局）が陸軍や海軍、空軍からもらった予算を大学に配分して研究をすすめていたのです。

ＤＡＲＰＡが核攻撃に備えて開発したDARPAnetが、現在のインターネットの初源となったことはよく知られています。それと同時に、ＤＡＲＰＡが力を入れていた研究がもう一つありました。それは戦闘ロボットの開発です。

圧倒的に優勢な軍事力を持ちながら、アメリカがベトナム戦争で負けたのはなぜか。いろいろな考え方があるでしょうが、米国防総省は「国内世論に負けた」と考えていました。生身の米国青年が最前線で傷ついたり、死んだりすることをアメリカ国民はもはや許容することができないということです。だから、なるべく早い時期に戦闘ロボットを送り出そう、そのためにはロボットを動かすための人工知能が必要だ……というのがDARPAの方針だったと、私は思います。

そして、DARPAから予算をもらって実際に研究をしているカーネギーメロン大学やスタンフォード大学の研究室に行くと、そこにはDECのマシンがずらりと並んで、DARPAネットでつながっていたのです。DECはアメリカの国策としての人工知能開発を支えていたわけです。

そのため、「第五世代コンピュータプロジェクト」のある関係者から、私はこんなことをいわれたことがあります。

「村上さん、DECのマシンは買うけれども、それはDECのマシンの上にある人工知能

（ＡＩ）関連のソフトがほしいからだ。あなたの役割はアメリカからそのソフトをもらってくることだ」

そういわれるとやらないわけにはいきませんが、さすがに社内で相談するにはデリケートすぎる問題です。しかたなく、私はカーネギーメロン大をはじめとして、人工知能研究の盛んな大学を回ることになりました。

折悪しく、当時はＩＢＭ事件が起きたばかりでした。ＩＢＭの機密情報を盗み出そうとした産業スパイ容疑で、日立製作所と三菱電機の社員がＦＢＩに逮捕された事件です。

私が訪問した大学の先生方は、「ノリオ、こんなものを持っていたら空港で逮捕されるぞ」と脅しながら、最新のソフトウェアが入った磁気テープを渡してくれたものです。

なぜそんなに親切にしてくれたのか、はっきりしたことはわかりません。これはあくまでも私の考えですが、あえて研究成果を日本側に渡すことで、もしかすると日本でいい人工知能が生まれる可能性もないわけではない。もしそうなったらパクってやれ、という狙いがあったのかもしれません。

あるいは、予算を膨大につぎ込みながら、技術開発が遅々として進まない人工知能（Ａ

I）分野で、日本がはじめた「第五世代コンピュータプロジェクト」という野心的な試みが、米国でのDARPAの予算取りの良い刺激になるという事情もあったのでしょうか。あるいは、同盟国なんだから協力しようという純粋な善意だったのかもしれません。

幸いにも私は一度も空港で逮捕されることはありませんでしたが、先生方は捕まった場合の言い訳までちゃんと考えてくれていました。

「我々の研究は国防総省の予算で行われている。けれども、研究成果はパブリックドメインだ。なぜかというと、国防総省の予算は税金でまかなわれているからだ。しかも、君は同盟国の国民で、ソ連に情報を渡すわけではないからココムにも抵触しない。だから大丈夫だ」

本当に捕まったとき、この理屈が通用するのかどうかはわかりませんでしたが、とにかくそんな口添えまでしてくれたのです。

こうして骨を折ってソフトウェアを集めてきた私は、通産省から見ると一種のダブルエージェント、言葉は悪いですが二重スパイのような存在だったのだと思います。アメリカ企業の社員でありつつ、その立場を利用して日本にアメリカの最新情報を持ってくるというわけです。

　このとき恩を売っておいたから、というわけではないのでしょうが、現在にいたるまで、私と経産省との関係は良好です。その後何社かの外資系企業の経営者を務めた時代、グーグル日本法人の社長時代、最近ではスマートグリッド関係のプロジェクトと、つねに同省との良好な関係を維持させていただいているのです。

　いきなり話が大きくなってしまいましたが、私は決して野心をもってこうした世界に首を突っ込んでいったわけではありません。たまたま関われた人工知能（ＡＩ）の仕事で、目の前にある問題に取り組んでいくうちに、気がついたら最先端の分野で日米の架け橋のような役割を果たしていたのです。

　これは、ＤＥＣという企業に勤め、なかでも本当にＤＥＣらしい分野に関わったからこそ味わえた貴重な経験でした。ここでも私は大いに幸運に恵まれたわけです。

「次に何が流行るかわかる」理由

改めて振り返ってみると、私は技術者として日立電子に入って以来、グーグルに出合うまで、さらには、グーグル時代からとりかかり、いまも関係している、スマートグリッドや、スマートTVといい、いつも、時代の最先端に近いところに次々と乗り移るように仕事をしてきています。

なぜそんなことができたのか、というと、何度もいっているツキのせいであり、ツキを引き寄せたのは「大局観」かもしれない、と先に申し上げました。

これをもう少し具体的に、感覚的にいうと、私には「次に何が流行るかわかる」のです。

どうしてかというと、まず一つは、流行ると思ったものは自分で流行らせてしまうということがあります。

たとえば「第五世代コンピュータプロジェクト」であれば、そもそもが『2001年宇宙の旅』を見て、コンピュータの面白さ、人工知能（AI）の面白さに目覚めた自分にとっては趣味に近い部分もあるプロジェクトでした。

このプロジェクトというのがはじまってからの私は、引き続きセールスデパートメント（営業部）に在籍していたものの、仕事はプロジェクト全体の仕切りが中心になっていました。当時そういう言葉は使いませんでしたが、マーケティングが仕事になっていたのです。

そこで私は、人工知能（AI）を日本で流行させるべく、徹底的に囃し立てるマーケティングを展開したのです。

のちに私がDECの本社に転勤したとき、日経産業新聞に「ミスターAI、米国DECへ栄転」という記事が載ってびっくりしたことがあります。これは、私が重要人物だからではありません。人工知能（AI）を日本に流行らせるため、連日のように、あらゆる機会を利用して雑誌の取材や講演に出ずっぱりに出ていたからです。「ミスターAI」の転勤が新聞記事になってしまったのは、間接的にではありますが、私のマーケティングが成功したことを物語っているのだと思います。

考えてみれば、学生時代から旗（といっても赤旗ですが）を盛んに振っていたわけですし、オルグも得意でしたから、その意味でもマーケティングは私の天職といえるのかもしれません。

目先の仕事も世界とつながっている

いかに旗を振るのが得意とはいっても、やはりまったく流行る見込みのないものを流行らせることはできません。

なんだかんだといって、次々と成長分野で新たな仕事に恵まれ、それなりの成果を上げてこられたのは、やはり「大局観」を持っていたせいなのかもしれません。

前に、学生運動を通じて「世界」という視点を持てたことが大局観につながったのかもしれない、と書きました。私の場合はそれでいいとしても、では、「具体的に大局観を養う方法を教えてほしい」と望む若い世代に、「これから学生運動をしなさい」とアドバイスするわけにもいきません。

そこで、日々の仕事を通じて「世界」とのつながりをつくっていくにはどうしたらいいか、私の経験をもとに述べてみましょう。

本来、人間の視野は狭いものです。誰でも世の中を窓から眺めているようなものだというところから出発しましょう。問題はどうやってその窓をより広くするようにこじ開けるかです。

たとえば、営業先の会社に行って、商談をして帰ってくるだけでも商品は売れるかもしれません。けれども、本気で売りたいのなら顧客の会社について徹底的に調べてみたほうがいいでしょう。コンピュータ屋という視野から窓をこじ開けて、顧客を徹底的に理解する。できれば顧客の業界全体まで視野を広げてみるのです。

あるいは、仕事でまったく畑違いの分野に触れることがあります。たとえば、製品の輸出入に際して、通関手続きが必要になるような場合です。そのとき、専門部署に任せるだけで終わっていては、視野は広がりません。

たとえば「村上さん、これは保税扱いの手続きをしておきますので」といわれたら、

「保税手続きってどういうことですか?」「こういう場合はどうするんですか?」と首を突っ込んでみる。ここでも窓をこじ開けるわけです。

私の場合は、たまたま「第五世代コンピュータプロジェクト」のような大規模な仕事にも関わることができ、国家予算の分捕り合いの現場にまで首を突っ込む機会を得たわけですが、別に仕事の大きい、小さいは関係ありません。とにかく、未知の分野に出合ったら首を突っ込む。疑問があればその場で解消する、という場数を積み重ねていけばいいのです。

はっきりいって私は、流派としては「頭でっかち」に属すると思います。必要かどうか、使えるかどうかに関係なく、とりあえず知らないことや疑問に遭遇したら、そのまま放置しないで、調べて、調べた知識を頭に入れてしまうのです。

こういうタイプは「お前がそれを知ってどうする?」とからかわれることもあるかもしれません。けれども、大局観を身につけるなら無理にでも視野を広げること。遠慮してはいけません。

ただし、大局観を身につけたい、視野を広げたいからといって、自分のいまやっている仕事を軽視するのは禁物です。たとえそれが雑巾がけのような小さな仕事であっても、です。たしかに世界全体を見渡す視点を持つことは大事ですが、一方で世界のなかのごく限られた、小さな持ち場を誰かが担当しなければいけないというのは人間社会の宿命です。一メートル七〇センチ程度の大きさで、ハツカネズミのように必死で車輪を回すしかありません。

しかしそこで、自分の小さな持ち場が全体像のなかでどこに位置するかを必ず問うことが大切なのです。全体とは会社のことでもあるし、業界のことでもあるし、日本や世界のことでもあります。

これを続けていると、雑巾がけをしていようが、新橋の飲み屋でバカな話をしていようが、つねに「全体像」のイメージがつきまとうようになります。世界と自分のつながりを感じられるようになってくるのです。

確証はありませんが、これが私の「大局観」の正体のような気がします。

やはり、何をやっていても「世界革命」を忘れられない、ということなのかもしれません。

第三章●自分の強みを活かす

経済学を大雑把につかむことが大切

日本DECで営業部長と人工知能技術センター長を務めていた私が、米国のDEC本社に赴任することになったのは、一九八六年のことでした。折しも、G5によるプラザ合意の翌年です。

ご存知のように、ドル高のいきすぎを是正するため、先進五カ国がドル安誘導のための協調介入に合意したのがプラザ合意です。それまで一ドル＝二三五円だった円相場は、たちまち一ドル＝一六〇円ほどになり、アメリカに赴任したての自分は、その影響を生々しく体感することになりました。

というのも、米国本社での給料は、プラザ合意以前の一ドル＝二三五円程度のレートで計算して決められたもので、当然ながらドル建てだったからです。そのため、本社に赴任したとたんに、円換算した場合の給料が激減してしまうことになったのです。

それまでの私にとって、為替レートはニュースのトピックにすぎませんでした。ところ

PHP SHINSHO

PHP新書

PHP研究所

学ぶ心

学ぶ心さえあれば、万物すべてこれわが師である。
語らぬ石、流れる雲、つまりはこの広い宇宙、
この人間の長い歴史、
どんなに小さいことにでも、
どんなに古いことにでも、
宇宙の摂理、自然の理法がひそかに
脈づいているのである。
そしてまた、人間の尊い知恵と体験が
にじんでいるのである。これらのすべてに学びたい。

松下幸之助

が、ことが自分の給料ということになると、やはり感じ方がまったく違ってきます。「なるほど、国境を越えてビジネスをするというのはこういうことなのか」と思い知りました。

さらに、面白いめぐり合わせというべきか、九一年にＤＥＣの取締役として日本に戻ってきたときも、私はマクロ経済が個人に及ぼす影響を生々しく味わうことになります。八六～九一年という私の米国赴任は、ちょうど日本がバブル経済にわいた時期に一致していました。

その間、まだローンが残っていた自宅は人に貸していたのですが、バブルまっただ中の一九八九年には、不動産業者が「一億円で買い手がつくから売りませんか」といってきました。当時、そんな話は珍しくもなんともなかったのです。

そのときは「いま売ったら、帰国する頃には一億五〇〇〇万円になっているかもしれない。そうなったらとても買い戻せない」と考えて断ることにしました。これもまた、現在ではありえない皮算用ですが、そう考えてもおかしくないくらい、景気は過熱していたわけです。

帰国した九一年にはもうすっかりバブルが弾け、元の値段に戻っていました。「なんだ、売っておけばもう一軒家を買えたじゃないか」と、正直なところ少しだけ悔やんだものです。

それはともかく、米国赴任を挟んだこの時期、私が痛切に感じたのは、自分の経済学に対する無知でした。円高にしてもバブル経済にしても、せっかく現場で生々しい体験をすることになったのに、なぜそうした経済現象が起きるのか、それをどう解釈すればいいのか、という経済学的な素養が自分にはまったく抜け落ちているということを感じたのです。

前章でも申し上げた通り、私はとりあえず本を読んで知識を学ぶところから入る「頭でっかち」タイプです。そこで手を出したのが、当時の代表的な教科書だった、ポール・サミュエルソンの『経済学』（岩波書店）でした。

ところが、読みはじめてはみたものの、電話帳ほどのサイズの本で上下二巻組、内容も難解きわまるこの本はあまりにもハードルが高かった。何度も挑戦しては放り投げることになり、私の経済学入門は挫折の繰り返しになったのです。

そんな私がようやく経済学の基本を理解できたと感じたのは、二〇〇〇年に翻訳された『マンキュー経済学』（東洋経済新報社）に出合ってからです。

読みやすくてわかりやすい、ビジネスパーソン必読の経済学入門書として、私はほうぼうで『マンキュー経済学』をすすめています。といっても、ミクロ編とマクロ編の二冊をすべて、細部までしっかり読み込む必要はありません。大事なのは、全体をざっと読んで「経済学でわかっていること」「わかっていないこと」を大雑把に掴むこと。ビジネスパーソンの実践的教養としては、それで十分なのです。

実験もできなければ検証もできない経済学は、学問としての成熟度はまだまだだと思います。自然科学のように、はっきりとした答えを出すことはむずかしい。

しかし、そのなかでも、数多の研究者たちの苦闘によって「どうやら正しいらしい」とわかってきたことがあります。『マンキュー経済学』でいえば、各編の冒頭一章に掲げられている「経済学の10大原理」にある内容ですが、「交易するとみんなが豊かになる」「経済は市場という仕組みを使うとうまくいくことが多い」「紙幣を発行しすぎるとインフレになる」といった、いくつかの極めて有力な定説がそれです。

経済学が常に現実の問題を解決できるとは限りませんが、こうした基本的な知識を持つことは、ビジネスパーソンにとって非常に重要なことだと私は考えます。

経済的な裏付けがないままに経済を語れば、テレビのコメンテーターによく見られる情緒的かつ短絡的な意見しか出てきません。「小泉改革でみんなが不幸になった」「非正規雇用はかわいそうだからすべて正社員にしろ」といった類の意見です。

こういう意見は、たしかに心情としては理解できないことはありません。しかし、経済学的な裏付けがないために、実際に問題を解決するためには役に立たないのです。こうした「浪花節的一段階論理」が幅を効かせている限り、日本の経済はこの先も迷走を続けることになるでしょう。

ITバブルの教訓

アメリカから戻ってきたとき、私は四一歳になっていました。

もう少し本社に残るようにという誘いもあったのですが、あえてそれを断って帰ってきたのには、私なりの考えがありました。

四一歳になって、まだＶＰ（vice-president、副社長）になれていない以上、このままＤＥＣにいても先が見えていると見切りをつけたのです。

私はＭＢＡも持っていませんでしたし、あのままＤＥＣで働き続けても、おそらく最後までＶＰには昇進できなかったでしょう。つまり、これ以上ＤＥＣ本社で得るものはないと考えたのです。

一方、これまでにＤＥＣで得たものは何かを考えると、これから先の展望が見えてきます。

なんといっても自分の強みは、まだまだではあるけれども、一応バイリンガルであるということです。あまり上手ではない英語と、得意な日本語を生かして、日米の橋渡しをするポジションに自分の勝機があるのではないかと読んだのです。

こういうと、まるで非常にシビアに状況を読んでいたようですが、そうでもありません。要は、明らかに望みのない道は避けた、麻雀でいえば見え見えのところに振り込むのだけは回避したというだけの話です。

もしあのままDEC本社で働き続けることを選んでいたら、私のキャリアは早々に行き詰まっていただろうと思うのです。

そういうわけで、九一年に、日本DECに帰任し、九三年まで日本法人でマーケティング担当の取締役を務めた後、私はDECを退社し、その後はいくつかの外資系IT企業で日本法人の代表取締役を務めることになります。

九三年から九七年まではインフォミックス、九七年から九九年はノーザンテレコムジャパン、九九年から二〇〇一年まではノーテル・ネットワークスと、それぞれ日本法人の社長を務めさせていただきました。

九八年に日本がITバブル期を迎えたときは、ちょうどノーザンテレコムジャパンの社長だった時期にあたります。私はこのバブルのまっただなかに、当事者として立ち会うことになりました。

当時、トラフィック（ネット上でやりとりされるデータの情報量）の大幅増が見込まれるなかで、それに対応するための通信網が急激に整備されていきました。バブルは、この通信回線の価値が誤って評価されたところに生まれたのです。

たとえば、光ケーブルを通信会社A社が引いたとします。A社は自社でも顧客をかかえ、光ケーブルの回線を使用しますが、キャパシティをすべて使用するわけではありません。そこで、別の通信会社のB社にも回線の一部を貸し出します。このB社も、借りた回線を全部使うのではなく、一部をC社に貸し出す。さらにC社はキャパの一部をD社に……と、何段階もの転貸が行われたのです。ちょうど、オフィスビルの転貸のようなものです。

しかも、当時はトラフィックの増大が予測されており、通信回線の需要はいくらでもあると見られていたわけですから、又貸しのたびに賃料は上がっていきました。

さらに、ITにうとかった会計担当者たちが、借りた通信容量のコストを資産に計上するということが相次ぎました。

どういうことかというと、借りた通信容量をもし使わなかったとしたら、それは単にムダに借りたというだけのことです。賃料分の価値は蒸発してしまいます。月の賃料が一〇〇万円のオフィスを借りて、空き家のままにしておいたからといって、一〇〇万円の価値が残るわけではないのと同じです。これはごく当たり前のことでしょう。

ところが、通信各社の会計担当者たちは、どういうわけか「借りたものの使わなかった通信容量」を資産勘定に入れてしまったのです。

これが単なる無知によるミスだったのか、それとも意図的な操作だったのかはいまだによくわかりませんが、いずれにせよ、誤った会計処理はさらに通信回線の価値を過大評価させることにつながります。こうして、ＩＴバブルはみるみる拡大していきました。

膨らんだバブルは、当然ながらいつか弾けます。

結局、トラフィック増大を見込んで過剰供給された通信網には客がつかず、通信会社はバタバタとつぶれていきました。さらに、通信会社に機器を納めていた会社や、設備工事を請け負っていた会社にもその影響は及びます。これらの会社は、ベンダーファイナンスといって、一種の「出世払い」の契約を通信会社と結んでいました。将来的には毎月膨大な通信料が入ってくるのだから、支払いはそのなかからしてくれればいい、というわけです。もちろん、「出世払い」を期待していた代金はほとんど回収できなくなり、連鎖倒産が起きます。それが全世界規模で起こったのが、二〇〇一年のＩＴバブル崩壊ということになります。

ＩＴバブルを体験して、私はバブルというものの両義的な性格を知りました。たしかにひどい目にあう人は少なくありませんが、バブルは非難すればすむものではないということもわかったのです。

ＩＴバブルの崩壊後、すっかり値下がりしてしまった通信網が格安で貸し出されるようになりました。それがさまざまなネットサービスの普及を後押ししたという事実は否定できません。グーグルやアマゾンといったプレイヤーたちは、ＩＴバブルが招いた回線の過剰供給があればこそ躍進することができたともいえるのです。

つまり、バブルはたしかに過剰供給を招き、バブルが弾ければバタバタと会社が潰れていくことになる。同時に、バブル崩壊により商品価格の暴落＝事業コストの低下が起きるので、新たなビジネスチャンスも生まれ、次なる繁栄が準備されるわけです。いってみれば、バブルの崩壊は次のバブルの火種ということでしょうか。

こうしてバブルを繰り返しながら経済が成長するならば、資本主義の発展というのは、結局は全部バブルなのではないか。人類の歴史とはバブルの歴史ではないのか――とさえ思えてきます。

だとすれば、バブルを恐れて自制していたら、ビジネスで後れをとることになります。また、経済全体の発展もないでしょう。決して居直るわけではないのですが、バブルさえ折り込みながらビジネスに取り組んでいく覚悟のようなものをこのとき得られたと思います。

ハイエクが与えてくれた倫理的根拠

とはいえ、「ビジネスで勝てばいいんだ」「勝てば官軍だ」とまで思い切れたかというと、そうではありません。

最近はマスコミや講演などで自分の意見を述べさせてもらうことが多いので、そのぶんご批判をいただくことも増えています。私にとって一番こたえるのは「村上さん、あなたは勝ち組だから、なんだっていえるんだよ」という批判です。

たしかに、客観的にみれば私は勝ち組でしょう。それは否定できません。一方で、世界には一日一ドル以下で生活している人が一〇億人もいます。その現実を見るとき、かつて

「世界革命」をめざしていた男としては、それでもなお「勝てばいいんだ」といい切るのは難しいのです。

こうした迷いのなかで出合ったのが、経済学者フリードリヒ・ハイエクの思想でした。

ハイエクは正義について語るとき、あくまでも身の丈から出発することを重視します。自分の利益、自分の家族の利益、自分の会社、自分の地域社会の利益……と、自分の同心円上で、私利私欲で行動すればいいというのです。

私欲から出た行動は、決して本人だけを利するわけではありません。市場を経由することで社会全体の利益につながるからです。

ということは、自分のためにお金を稼ぐことが、最終的には最貧といわれる一〇億人の生活水準を少しでもよくしていくことでもある。だから罪悪感を持たなくていい——と、ハイエクは私欲を擁護するのです。

たとえば、アフリカで飢える人々がいるなかで、日本人は毎日大量の残飯を出しています。では、日本人が反省して、食料の消費をやめればいいのでしょうか。そうではありません。先進国の消費が後退すれば、その影響が回りまわって、アフリカの人々は一日一ドルの収入さえ失うのです。

先進国の生活水準の高い人たちが無駄づかいをすることで、はじめて最貧国の人たちにもなんとか一ドルが回る。残念ながら、現状の経済はそういう仕組みになっています。それを打開するために経済を統制して平等に分配しようとすればどうなるかはご存知の通りです。共産主義をはじめとする全体主義的な経済運営は、富を平等に分配することはできず、貧しい人をより貧しくしただけでした。そればかりか、人びとから政治的な自由まで奪ったのです。

それよりも、各人が私利私欲を追求するにまかせたほうが、総体的にはより豊かで正義にかなった社会にたどり着く、というのがハイエクの思想なのです。

ハイエクはしばしば右翼思想家扱いされますし、市場原理主義者とみなされることも多いようです。また、八〇年代のレーガン、サッチャー、中曽根による改革、「小さな政府」を志向する新自由主義路線に思想的な裏づけを与えたのがハイエクだったことは否定できません。

しかし、ハイエクは市場を重視しつつもその限界を直視し、競争に敗れた人のためのセーフティネットの必要性も説いています。つまり、決して酷薄な単なる市場原理主義者などではないのです。

「世界革命」をめざしていた自分と、いまビジネスの世界で勝っていかなければいけない自分。そのギャップを架橋する最終的な理屈として、私はハイエクに依拠することができました。たしかにビジネスで勝てばいい、勝てば官軍というわけではないけれども、自分が私利私欲を追求することにはちゃんと倫理的な意味があると思えたのです。

プラザ合意以降、二〇世紀最後の十数年で、日本経済は急激な栄枯盛衰を経験しました。そのなかで、マンキューに出合って経済学の素養を学び、ハイエクからは経済人としての倫理的根拠を学ぶことができたのは、私にとって大きな収穫でした。

やや大げさですが、私がビジネスマンとしての思想的な基盤を確立したのがこの時期だったといえるかもしれません。

第四章 ● 成長する企業、消えていく企業

「お目付け役」に徹したグーグル社長の仕事

ヘッドハンターを通じて、グーグルからのアプローチがあったのは二〇〇二年のことです。話を聞くと、それまでに日本法人の社長候補は二〇〇人ほど名前が挙がったものの、まだ決まらないといいます。どうやら、どなたも帯に短し襷《たすき》に長し、という状況だったようです。

DECをやめた後、いくつかの会社を渡り歩いた私の経験からいわせてもらうと、日本にはコンピュータのことがわかっていて、なおかつマネジメントができるという人材が二〇万人くらいはいます。ところがそこに「英語ができる」という条件を加えると、途端に候補者は数百人にまで減ってしまいます。

これは世代を問わない傾向で、若い世代なら英語ができる人が多いというわけでもない。むしろ、付き合いの長いヘッドハンターたちは「村上さんたち団塊の世代の後が続いてない。いい人がなかなかいなくて困っている」と嘆いているほどです。

このように、英語ができるということは現在でも非常に大きな優位性です。だからこそ、私は盛んに「英語を勉強しましょう」とすすめるのです。

さて、コンピュータを理解し、マネジメントができ、なおかつ英語ができる二〇〇名の候補者のなかで、私がグーグルに選ばれた理由はなんだったかというと、人工知能のバックグラウンドを持っていたことでした。

もっとも、グーグルのCEOだったエリック・シュミットに会ったときには、私は率直に「人工知能の仕事をしていたといっても二〇年ぐらい前の話で、最近のことはわからないよ」と話しました。するとエリックは「いや、実をいうと俺もわからんのだ。でも、お前だったら〝わかっているふり〟ができる」というわけです。

なんだか、人工知能云々ではなく、単におしゃべりなところが評価されたような気がしないでもありません。

もう一つ、エリックからいわれたのは「アダルト・スーパービジョンさえやればいい」ということです。つまり、グーグルの若い社員たちは非常に優秀だから、基本的には彼らを信頼して任せておけばいい。ただし、彼らが間違いそうな場面では大人としてチェックを入れるということです。

チェックが必要になる場面とはいつのことか、エリックは具体的には語りませんでした。しかし、「ノリオ、我々は過去、コンピュータ産業で似たような過ちを繰り返してきているね」というひと言で、私は彼のいわんとすることが一瞬にして理解できました。

グーグルのように技術を追求する会社というのは、どうしても「前のめり」になりがちです。革新的な技術を生み出せる優秀な企業ほど、市場の成熟度やユーザーのニーズといったものを軽視して「これを使わない奴はバカだ」という思い上がったアプローチをしてしまう。そのせいで、技術的には素晴らしいのに失敗した製品やサービスは数えきれません。

グーグルがその轍を踏まないよう、前のめりになりがちな若者の手綱を要所要所で引いてやるのが我々の役目である、とエリックはいいたかったのでしょう。

いざ働きはじめてみると、グーグルでの社長業は私のスタイルにぴったりと合っていました。

もともと私はデレゲーション（権限移譲）を重視するマネージャーです。自分自身が二〇歳前後の年齢で学生運動に関わり、「全世界を獲得しよう」と思ったくらいですから、基本的に「若くて未熟な部下でも、任せてしまえば十分にやっていける」という考え方が根底にあります。

また、日立電子、ＤＥＣと、二〇代から三〇代の私は、好き勝手に仕事をやらせてもらうことで結果を出し、成長することができました。ですから、自分が経営者になってからも、若い人たちに細かく指導しようとは考えないわけです。実際、経営者になってからはそれでうまくいくという経験を積み重ねてきました。

こういうやり方は、とかく「仕事をしていない」「手抜き」とみなされて非難を浴びがちです。だから私も自分の方針を大々的に公言することは控えていました。しかし、グーグルの場合は、ボスであるエリック・シュミットから「とにかくおまえはお目付け役だけでいい」という、太鼓判をもらったわけです。その意味で、グーグルは非常に楽な職場でした。

もちろん、楽ができたのは本当に優秀な社員が集まっていたおかげでもあります。

ご存知かもしれませんが、グーグルには「自分より優秀ではない人は雇ってはいけない」という採用上のルールがあります。私は社長になってから一〇〇〇人ほどを採用したので、グーグルジャパンには私より優秀な人材が一〇〇〇人はいるということになるわけです。

しかも、「世界中の情報を整理して、世界中の人がアクセスできて、使えるようにすること」というミッションステートメントにのっとっている限り、好き勝手なことをやっていいという社風ですから、面倒な決済手続きもありません。

ですから、社長である私の役割というのは、お目付け役としてウォッチすることと、あとは日本のアンシャン・レジーム（旧体制）との戦いくらいだったでしょう。

優秀な部下たちが自由に仕事をすると、画期的なサービスが生まれる一方で、必ず怒る人たちが出てきます。そのたびに日本のアンシャン・レジーム（旧体制）に呼び出されていっては「すみません」と頭を下げるのが私の仕事だったのです。頭を下げて、改善できるところは改善しましたが、譲れない原理原則は、妥協しませんでした。日本のアンシャン・レジーム（旧体制）の不思議なところは、然るべき肩書きを持った、それなりの年格好の人物が、わざわざ出向いて頭を下げると、少しの改善だったとしても、なんとか事態が鎮静するというところです。もちろん、約束した改善は、約束した期限よりも早く、できるだけ迅速に成し遂げることも心がけ、こちらの誠意も示す努力は惜しみませんでした。

グーグルの強さの秘密

「グーグルの強さの秘密はどんなところにあるのですか？」という質問を受けることがよくあります。グーグルを内側から見ていた人間なら、何か特別な秘密を知っているのでは、と期待されるのかもしれません。

しかし、私が考えるグーグルの強みというのは、おそらく外からグーグルを見ている皆さんとほとんど変わらないと思います。そのくらい、企業としての特長がはっきりしているということです。

グーグルの強さの秘密は、ひと言でいえばビジネスモデルのシンプルさでしょう。

私がこれまで働いてきた会社は、だいたい製造業でした。九三年から九七年まで務めたインフォミックスはソフトウェアを扱っていましたが、売っていたのはサービスではなくソフトウェアという製品でしたから、やはり製造業的な企業です。

ところが、グーグルは製品を売っていません。つまり、手触り感のないもの、つまり、サービスを売る企業なわけで、何をする会社なのかが曖昧になってもおかしくはないわけです。ところが、そうはならないのです。グーグルには有名なミッションステートメントがあり、それがシンプルかつはっきりと、グーグルのビジネスを定義しているからです。

ミッションステートメントは「世界中の情報を整理して、世界中の人がアクセスできて、使えるようにすること」。つまり、グーグルは、これしかやらないと宣言してあるのです。そこには、もう一つの決め事があって、「そのサービスを無料で提供すること」。これ以上ないほどにシンプルで明快です。

したがって、グーグルの社員たちは、「世界中の情報を整理して、世界中の人がアクセスできて、使えるようにすること」につながることだったら、勝手にやっていいということになります。

しかも、サービスは「それを無料で提供すること」というルールもありますから、いかに課金するかとか、どうやって利益を出すかなどといった余計なことを考えなくていいのです。

ウェブサービスを開発するとき、陥りがちな失敗が、サービスとしての完成度よりも課金しやすさに軸をおいてしまうことです。お金を取ることを優先した結果、完成度の低いサービスができてしまって、結果的に失敗することになってしまうのです。

もちろん、サービスに課金することで収入を得るしかない企業なら、そういう発想になってしまうのも無理はありません。グーグルの場合は、誤った発想を完全に払拭するために、「サービスに課金することは考えてはいけない」と最初に決めているわけです。

また、「サービスは無料」と決めることで、「どうやって稼ぐか」もかえって明確になってきます。サービスに課金できないのですから、あとは広告収入くらいしか収入の道はありません。

現在、グーグルの社員は約三万人で、売上は三兆円ほど。一人当たり一億円の売上は、ほぼすべて広告収入によるものです。

このように、グーグルのビジネスはとにかくシンプルです。だから、社員一人ひとりが自分が何をすべきなのかもはっきりしています。

前述のように、グーグルに入ってからの私は得意のデレゲーション型マネジメントをこれまで以上に徹底させていました。それを見た周囲の人からは、「村上さん、社員を放し飼いにしていますよね」などともよくいわれました。

たしかに、放し飼いといえば放し飼いなのですが、私がよくいっていたのは「実は見えない柵がありまして、子羊たちはその枠のなかで、一生懸命に仕事をしているだけなんですよ」ということです。見えない柵というのは、いうまでもなくシンプルにして明確なミッションステートメントのこと。グーグルの若い人たちは、ミッションステートメントに反しない限り、勝手放題に仕事を進めていけるのです。

たとえば、これは私が辞めた後のことですが、パーソンファインダーという印象的な実例があります。

パーソンファインダーは、東日本大震災に際してグーグルが立ち上げた安否確認サービスで、誰でも自分の所在情報や尋ね人の情報を登録でき、検索・共有できるというものです。グーグルは三月一一日の震災当日にこのサービスを立ち上げ、以後八カ月間にわたって運営しています。現在、日本語版のサービスは終了していますが、二〇一一年一〇月からは、やはり大きな地震に見舞われたトルコ版のサービスが開始されています。

大震災の直後にこのサービスが立ち上がったことは、ミッションステートメントの存在を考えればなんら不思議ではありません。

震災で多くの方が家族や友人の安否情報を求めているなか、各所に散らばっている情報を統合して検索できるようにすることは、「世界中の情報を整理して、世界中の人がアクセスできて、使えるようにすること」というミッションの枠内にあります。

また、普段からサービスは「無料で提供すること」というルールなのですから、金のことなど考える必要はありません。「金にならないことを仕事中にやっていいのか?」「人助けになるとしても、上司の許可を得てからやったほうがいいんじゃないか?」などと悩む必要もなく、思いついたらただちに作業を開始できます。

震災に際して、緊急の支援活動を行った企業は他にもたくさんあります。それが可能だったのは、混乱する状況のなかで迅速な決済を下した立派な管理職の方々がいたからこそだと思います。

しかし、グーグルの場合には、そもそも上司が決済を下す必要がないのです。ミッションステートメントの枠内にある限り、仕事として被災者を支援するのに誰の承認もいらないわけです。

モンキートラップにはまる日本企業

グーグルのように、社員一人ひとりの判断で次々に新しいサービスが展開されていくような企業は非常に稀ですが、あらゆる企業にとって常に進化し続けることは存続の条件です。ビジネス環境は変化し続けており、しかも変化のスピードは速くなっているのですから、適応するためには進化するしかありません。

では、進化できる企業、すなわち生き残れる企業と、進化できずに消えていく企業との違いはどこにあるのか。私は、「モンキートラップを逃れられるかどうか」がその境目だと考えています。

これはよくできたお話だと思うのですが、猿の手がやっと入るくらいの小さな口の容器にエサを入れておくと、猿がやってきて手を入れて、エサを握る。エサを握りしめた猿の手は容器から抜けなくなる。エサを離せば、手は抜けて逃げられるのに、せっかくのエサを握りしめて離そうとしないばかりに手が抜けなくなり、猿は捕まってしまう。これがモンキートラップで、要するに、成功体験から脱却できないために、かえって身を滅ぼすことの愚を戒めた寓話です。

かつて大成功をおさめた優れた企業であるがゆえに、成功体験を握りしめて自滅していくという例は、実際少なくありません。

私が働いていたＤＥＣはまさにそうでした。ＤＥＣの偉大さは、コンピュータサイエンスの専門家なら誰もが認めるところです。しかし、ＰＤＰ、ＶＡＸといった名機を生み出し、ＶＭＳという伝説的なＯＳを生み出した成功体験をいつまでも握りしめていたばかりに、ＵＮＩＸのようなオープンシステムやパーソナル・コンピュータが重要性を増していく時代の趨勢に乗り遅れてしまいました。

日本企業でも、同様の例はいくつもあります。すでにＤＯＳ／Ｖが主流になっているにもかかわらずＰＣ－９８００シリーズに固執したＮＥＣは、最後には98パソコンで建てた本社ビルを手放すことになってしまいました。

あるいは、ソニーにとっての、ブラウン管としては誇っても誇りすぎるということのないトリニトロンブラウン管なども、手放すことのできなかった成功体験のいい例でしょう。その成功体験のために液晶で出遅れてしまい、韓国サムソン電子からの供給に頼らざるを得なくなってしまいました。

より大きな視点で見れば、日本経済の基本的な枠組自体が、かつての成功体験を握りしめてモンキートラップに嵌っているような気がしてなりません。

よくいわれることですが、戦後の日本経済の繁栄は、通産省を頂点とした一種の計画経済によってもたらされたものです。戦前に「革新官僚」と呼ばれた岸信介や椎名悦三郎らが構想し、満州国で実現しようとして果たせなかった政策を、戦後の日本に適用したのです。最近、国家資本主義と呼ばれているものに近い経済体制です。

次々に技術革新が出てくるなかで、国内の競争を通産省主導である程度排除し、まずは国として国際競争力をつけていくというやり方は、結果的にうまくいきました。現に、このところ経済成長著しい中国の社会主義市場経済というのは、要するに戦後日本の国家資本主義戦略をそのままなぞったものです。おそらく、途上国が先進国にキャッチアップしていく段階では有効な方法なのでしょう。

ただ、はっきりいえることは、日本においては、すでに二〇年前からその有効性が、失われているということです。にもかかわらず、相変わらず日本人は戦後の成功体験を握りしめているわけです。

モンキートラップから逃れるには、成功体験を手放すしかありません。「昔はよかった」と懐古するのではなく、「手放すべき成功体験とはなんなのか」という厳しい視点で過去を振り返ってみる必要があるでしょう。

試金石となるコンテンツ産業の大変革

日本の企業は手放すべきものを手放し、モンキートラップを脱して再浮上できるのかどうか。その試金石となるのが、放送、映画、出版などのコンテンツ産業であると私は考えています。

二〇一一年は「電子書籍元年」などといわれましたが、私の見るところではまだ現在の電子書籍は「紙の本の電子読み」の域を脱していません。紙の書籍とは根本的に違う「本物の電子書籍」が生まれてくるのは、これからでしょう。

そして、「本物の電子書籍」が展開する舞台であり、同時に映像や音声などあらゆるコンテンツが流れ込んで合流する場が、スマートTVです。これは、スマートフォン（高機能携帯電話）と、iPadに代表されるタブレット端末、さらにデジタルTVが合流したものと考えてください。

本物の電子書籍とスマートTVの登場によって、コンテンツ産業はまもなく大変革を迎えることになるでしょう。

日本には、この大変革を追い風にできるだけの豊富なコンテンツの蓄積があります。特に、ビジュアル系のコンテンツの豊富さ、深さは世界でも類を見ないレベルでしょう。よくいわれるのはマンガやアニメといった分野ですが、映画なども戦前からの蓄積があることは見逃せません。

たとえば、私は最近、京都の太秦《うずまさ》映画村にある東映映画のアーカイブをマネタイズする仕事のお手伝いをさせていただいています。素人目で見た限りでも、太秦は宝の山です。東映映画のロケハンのスチール写真だけでも倉庫に山のように積み上がっているのです。なんらかの形で公開できれば、映画ファンにとって垂涎の的となるだけでなく、映画史の資料として極めて重要な意味をもつことになるでしょう。

これはほんの一例ですが、日本には膨大なコンテンツの蓄積があるのですから、それをただ再編集して公開するだけでもビジネスになるのです。

現在、私がコンテンツ産業の未来に注目し、できる限りその発展に協力させていただきたいと思っているのには理由があります。

私が仕事をしていたグーグルという会社は、ざっくばらんにいえば、コンテンツ産業にはさまざまなご心配や実際ご迷惑をかけてきています。

特に私の在籍中には、ネット上の各新聞の電子版を検索できる「グーグルニュース」を開始して新聞各社にご心配をおかけしました。ウェブ上で書籍の全文検索ができる「グーグルブックス」をはじめたときには、出版界をずいぶんお騒がせしています。

そもそもグーグルという会社は、コンテンツ産業からは脅威とみなされかねないことをずっとやってきました。

なんといっても、ミッションステートメントが「世界中の情報を整理して、世界中の人がアクセスできて、使えるようにすること」「サービスを無料で提供すること」ですから、情報を提供して対価を得るというコンテンツ産業のビジネスモデルとは相容れない部分もあるのは仕方がないわけです。

しかし、だからといってグーグルはコンテンツ産業を破壊しようしているわけではありません。

グーグルの仕事は、情報＝コンテンツが存在して、はじめて成り立つのです。というのは、グーグルがやっていることはすでにある情報にアクセスするための導線を引いているだけだからです。グーグル自身がコンテンツを生み出しているわけではありません。

ということは、コンテンツ産業が疲弊してしまったらグーグル自身も困るし、存在価値がなくなってしまうのです。その点はエリック・シュミットも何度も強調していました。

その意味で、コンテンツ産業の未来は私にとっても、非常に重要な問題であり、日本のコンテンツ産業にできる限りのお手伝いをさせていただきたいと考えているわけです。

では、これから訪れる大変革を乗り切るために、コンテンツ産業はどのような準備をすべきなのでしょうか。

実は、やるべきことははっきりしています。既存、新規を問わず、断片的なコンテンツを大量につくってそこにきちんと導線を引く。そして、課金できるシステムをつくることです。

スマートTV時代がくれば、もはや読者／視聴者は長尺のコンテンツをじっと見ていてはくれません。ちょうどネットを閲覧するときと同じように、コンテンツからコンテンツへと落ち着きなく飛び回りながら、断片的に楽しむようになるのです。

こうしたコンテンツ消費のスタイルに対応するためには、数分でひと通り楽しめる短いコンテンツをたくさん揃えること。そして、膨大な数の断片が並んでいるなかでも、読者／視聴者が求めるコンテンツにたどり着ける導線を引くことです。

さらに、ビジネスとして成り立つためには課金できることも必須でしょう。

たとえば電子書籍なら、雑誌の記事一つ、特定の連載コラムだけという単位で購入・閲覧できるようにして断片的な楽しみ方ができるようにすることになります。一方、引用文があればそこから原典にも飛べるようになっている。関連画像や動画も紐付けられていなければなりません。また、ページ単位で一〇円、二〇円と課金するなど、顧客が自分のほしい情報だけにお金を払える仕組みをつくれば、ビジネスとしても成り立っていくはずです。

このように、コンテンツ産業の大変革といっても、実はやるべきことははっきりしています。もちろん細部では予測が外れることは多々あるにせよ、大まかな方向性は決まっているのですから、とりあえず前に進みながら微調整していけばいいのです。

なおかつ、前述のように、日本には膨大なコンテンツ資源まで埋蔵されているのですから、大チャンスが訪れているといっていいでしょう。

私が歯がゆくてならないのは、これだけの好条件にもかかわらず、日本のコンテンツ産業が時流に乗り遅れてしまいがちなことです。

残念なことですが、日本のコンテンツ産業は、まだまだ過去の成功体験を手放せず、モンキートラップに嵌まっています。

印象的だったのは、「グーグルブックス」への協力を大手出版社にお願いしたときのことです。ミーティングの席では、「グーグルブックス」が出版社の利益を害するものではないこと、むしろ出版社にとってもさまざまなメリットがあるものであることを繰り返し説明し、納得していただいたつもりでした。半日程かけてすべての疑問にお答えして、なんの反論も出なくなったのですから、そう考えるのが当たり前です。

ところが、一週間ほどして、その出版社から思いがけない返事がとどきました。「あの後、社内で熟議を重ねた結果、時期尚早と判断した」というのです。

半日も協議をした後に何を「熟議」したのかはわかりません。ともかく、社内で決定権を持っている五〇歳代の人びとが難色をしめしたらしいと察しがつきました。

日本の大手の出版社との交渉は、ほとんどが、このパターンに終始しました。

ベテラン出版人たちが「グーグルブックス」に乗らなかったのは、一つにはインターネットについてあまりに無知だったからでしょう。

ベテランと呼ばれる年代だと、ITについていけず、普段から部下に「メールを出しておいて」と頼んでいるような人も少なくありません。インターネットといえば「2ちゃんねる」と出会い系ぐらいのイメージしかないまま、「どうやらネットというのは怖いものらしい」「グーグルという邪悪な会社があるらしい」などと思っているわけです。

そして、もう一つの理由が、紙の書籍での成功体験があまりにも大きいからでしょう。大手出版社の社員といえば高給で有名です。これは、極めて生産性の高い企業だった証です。また、日本の文化を牽引してきたという自負もあるでしょう。その成功体験を握りしめているから、わざわざ新しいことに手を出そうとは思わないわけです。

繰り返しますが、日本には世界に誇れるコンテンツの蓄積があります。にもかかわらず、実力のある企業が過去の成功体験を握りしめ、大変革に乗り遅れるというのは残念なことです。それは、日本経済全体にとっての大きな損失でもあります。

そのことに気付き、重い腰を上げる企業がどれだけ出てくるかによって、日本の未来は大きく変わってくるはずです。

コンテンツ産業の大変革といっても、前述したようにやるべきことはすでにわかっています。しかも、いまあるリソースを生かせば、変化への対応は決して難しくありません。

たとえば電子書籍なら、従来、紙の本をつくってきた編集者は持っているスキルをそのまま活かすことができるはずです。編集とはそもそもコンテンツを配置し、導線を引くことでしょう。いままでは目次や索引で導線を引いていたのが、これからはウェブ上で同じことをやるだけです。

もちろん、クロスメディアということでこれまでになかった技術は必要になるでしょう。プログラマやウェブデザイナー、動画編集スタッフなどです。それは、外部から得意な人を連れてくればいいでしょう。これも、ライターやカメラマン、イラストレーターなど多分野のプロをマネジメントして本や雑誌をつくってきた編集者にとっては造作もないことではないでしょうか。

日本のコンテンツ産業は、未曾有の大変革を乗り越えられるだけの底力を持っています。やればできるのです。必要なのは、過去の成功体験を手放す決意だけなのです。

出版、テレビ、映画といったコンテンツ各社が先陣を切ってモンキートラップを抜け出すことで、日本を覆う閉塞感が打破されることを願ってやみません。

第五章●リスクを取れ！そうすれば変化がついてくる

「職務経歴書をつくる」という発想

三〇歳で日立電子からＤＥＣに移ったときの私は、キャリア形成についての明確な戦略があったわけでもありませんし、そもそも転社すべきか否かをじっくりと考えもしませんでした。たまたま求人広告を目にするというめぐり合わせがあり、持ち前の勘にしたがって応募したのです。

それ以降も、私は基本的にお話のあった仕事、面白そうな仕事をその場その場で選択し、目の前の課題に挑戦してきただけです。常に高い視点から見る「大局観」を持つようにしてはいましたが、だからといって長期的なキャリアプランを持っていたわけではありません。

それでもうまくやってこられたのがどうしてなのかと考えると、ついていたということの他に、うまく職務経歴書をつくってこられたという要因があるのかもしれません。

これは、ＤＥＣを辞める前後、ヘッドハンティングの対象としてお声がけをいただくようになり、あらためて自分の経歴を振り返るようになって気がついたことです。

それまでは意識したこともなかったのですが、私の職務経歴書は、いつのまにかそれなりに見栄えのするものになっていました。あまり考えずに行動していたつもりでも、知らず知らずのうちに自分は職務経歴書を上手に飾っていたのだなと気づいたのです。

たとえば、「第五世代コンピュータプロジェクト」が非常にうまくいったことが評価されて、一九八六年に私はＤＥＣの米国本社から「本社に来て、働かないか」といわれました。ありがたいことに、「全世界で人工知能（ＡＩ）をビジネスにしたのはノリオ・ムラカミしかいない。今度は全世界に向かって人工知能（ＡＩ）のマーケティングをやってほしい」といってもらえたのです。

思い出してみると、声がかかったときに私が考えたのは、「ＤＥＣで手に入れられるべきものとして、何が残っているだろう」ということでした。そのとき、「アメリカで仕事をしたという職務経歴は手に入れておいたほうがいい」と考えたのは、本社勤務の誘いを受け入れた最も大きな理由だったと思います。

自分が知らず知らずのうちに職務経歴書をうまくつくっていたことに気づいてから、私は自分の部下に「会社を踏み台にしなさい」と、よくいうようになりました。それはなにも会社を軽視せよということではなく、職務経歴書を飾る材料を遠慮なく会社からもらいなさいという意味です。

「お給金だけもらっているんじゃ損だよ」というのも同じ意味です。せっかく働くのですから、報酬と福利厚生を与えられるだけで満足していてはいけない。自分の職務経歴書にしっかり書けるような仕事を獲得していったほうがいいにきまっています。

いま現在の仕事を踏み台と考えたり、自分の将来のために利用するというのは悪いことのように感じる方もいるかもしれません。しかし、踏み台だから現在の仕事をいい加減にやれといっているわけではないのです。

いい加減な仕事をしてしまったら、それは職務経歴にはなりません。あるプロジェクトに参加したという経歴があったとして、その人がチームに貢献したのか、それともただそこいるだけの人だったのかは採用担当者には一発で見抜かれます。

逆にいうと、どんな場に置かれていても、自分に与えられた役割を考え、仕事の意味に気づける人であれば、「これは」と思わせる職務経歴をつくることは可能でしょう。第二章でお話したように、世界と自分の結びつきを考えながら目の前の仕事に立ち向かうのです。

つまり、いついかなるときでも、誰からも後ろ指を指されることのない立派な仕事をしていくことでしか実のある職務経歴はつくれない。そのことを踏まえたうえで、あえて「会社を踏み台にしなさい」というのです。

好きなことを仕事にするべきか？

見栄えがするだけでなく、実質のある職務経歴書をつくっていくというのは、他者の評価を意識したキャリア戦略です。

その一方で、キャリアを積んでいくうえでは自分のやりたいこと、この仕事が好きだという気持ちをどの程度重視していくかも問題です。

これについては、「好きなことなら一生懸命やるし、自然とパフォーマンスも高くなるから、好きなことを仕事にすべきだ」とか、「どんなに好きなことでもゼニカネがからんでくると楽しくなくなる。だから一番好きなことは仕事にしてはいけない」とか、さまざまな意見があります。

好きなことを仕事にするべきかどうか、一般論として正しい結論は私には正直なところわかりません。ただ、あくまでも自分自身の経験論としていわせてもらえば、「どうせ死ぬのだから、好きなことをやったほうがいい」というのが私の見解です。

ですから、自分の好きなこと、興味のあることに関わる仕事に声がかかったときには、とにかく乗ってみたらいいと思います。私の場合はDECを新しい職場に選んだのはミニコンが好きだったからですし、「第五世代コンピュータプロジェクト」にのめり込んだのも、以前から人工知能への興味を持っていたからこそです。

好きなことを仕事にできる環境を選んでいくだけでなく、もう一つ重要なことがあります。それは、いまやらざるを得ない仕事を好きな方向へもっていくということです。

DECでセールスをやっていた頃は、顧客に「工場語」の通じる仲間と認めていただいたので、ずいぶん仕事がしやすかったと前に書きました。おかげでコンスタントに受注をいただけたのですが、ただ売っているだけではやはり退屈してきます。

幸いにも、商談では制御系の技術者の方々とお話することが多く、しかも私は数学好きです。そこで、お客さんを訪問するたびに、微分制御や積分制御、比例制御といった数学を応用した制御手法のマニアックな話を聞き出すことをはじめました。とたんに仕事の面白さが倍増しましたし、顧客の工程に対する理解がさらに深まってセールスにも役立ちました。

好きなことを仕事にするには、どんな仕事でも面白くしてしまう、という発想も必要だと思います。

転職ではなく転社でキャリアをつくる

意外に思われるかもしれませんが、私は経営者として仕事をしたほとんどの会社でリストラを手がけています。

ＤＥＣの場合でいうと、米国から帰って日本法人の取締役になったとき、最初の仕事はオフィスを引っ越して、人員を削減することでした。

さらにいうと、私が働いた会社で現在も残っているのはグーグル一社だけです。あとはみんな、買収されたり、倒産したりして、なくなっています。私のキャリアのかなりの部分は、衰退する会社での仕事だったともいえるのです。

いくつもの会社を転々として、働いた会社は一社を除いてみんななくなった……などというと、「ずいぶん苦労されたんですね」「不運の連続だったのですね」と誤解されかねません。それは、やはり終身雇用を一つの理想形とする考え方がまだ力をもっているからこそなのでしょう。

実際のところ、私はビジネスにおいてはかなりの成功に恵まれました。また、私が断行したリストラで仕事を失った人たちは、路頭に迷ったわけではありません。外資系企業で働く人材は、勤めている会社がだめになれば、景気のいい会社へと次々に移動しながらキャリアを積み重ねていくだけだからです。

つまり、外資でずっと働いてきた者の感覚からすると、転職はもちろんのこと、会社がつぶれることでさえ、悪いことだとは限らないのです。

経済にはトレンドがあるのですから、社会的役割を終えた企業が消えていくのは健全なことです。斜陽の会社が消えることで、優秀な人材が放出されます。そして、新しい成長分野に人材が供給されるのです。次々に会社がつぶれ、リストラが繰り返されても、人材が新たな成長企業に移っていく道さえ確保されていれば、全体としてみれば雇用は維持されています。経済全体のダイナミズムも保たれるというわけです。

そう考えると、雇用の流動性が確保されていないのは、日本にとって非常に大きな損失だといわざるをえません。ご存知の通り、日本では企業が正社員を解雇することは事実上不可能になっています。

雇用の流動性がないなかで雇用を維持するためにはどうするか。役割を終えたゾンビ企業を生き残らせ、無理やりそこに人材を閉じ込めておくしかないでしょう。そのためには公的資金も注入しなければならないし、おかしな規制も横行することになります。なにより、ゾンビ企業のなかで優秀だったはずの人材が腐っていくのが最大の問題です。

日本経済の活力を取り戻すために、これからのビジネスマンは雇用の流動性を受け入れながらやっていくしかないと思います。

それは、かならずしも不安定なキャリアに甘んじるということではありません。

私はよく「転社はしましたが、転職はしていません」と自分のキャリアを表現します。日立電子からDECへ移ったときこそ、技術者からセールスへという転職を経験しましたが、以降は会社を変わりながらも一貫して「コンピュータ業界におけるセールスとマーケティング」のプロとしてやってきました。むしろ、会社を移ることを「転職」と呼ぶ日本の慣行が実態に即していないのではないでしょうか。

リストラされることや会社がなくなることを普通のこととして受け入れ、転社しても通用するプロとして独自にキャリアを積み重ねていく。それは、ほんとうの意味で安定した立場を手に入れることなのです。

ビジネスパーソン一人ひとりが発想を変え、新しい働き方に適応する覚悟を持つことで、日本の会社は変わり、日本経済にも光が見えてくるのではないかと思います。

なぜ日本人は仕事を失うと自殺するのか

「転社」を当然のことと考え、会社任せでなく、自分でキャリアをつくっていくという考え方が浸透すれば、現在の日本社会に漂っているなんともいえない陰鬱な空気も晴れていくのではないでしょうか。

いくら景気が悪い、失業率も上がっているとはいっても、年間三万人も自殺者が出る日本の状況は明らかに異常です。

一方、競争の激しさを見ても、失業率の高さを見ても、日本よりはるかに酷薄な社会であるアメリカでは、日本のように自殺者は出ていないのです。そこにはさまざまな理由が複合的に作用しているのでしょうが、一つには仕事に対する考え方の違いがあると私は考えています。

アメリカ人の精神的な基盤はキリスト教です。キリスト教の世界観においては、仕事で評価されたとかクビになったとか、同僚と比べて給料が高いとか安いとかいったことは、もちろん大いに気になる問題ではあるにしても、本質的に「どうでもいいこと」です。

彼らは、経済的な成功・失敗という人間的な価値とは別に、それよりはるかに重要な宗教的な価値の評価軸を持っています。「最後の審判で救われる側に選んでもらえるかどうか」です。

たとえるならば、身長や学歴の高低、収入の額、社会的な地位といったものの差異は、二次元の平面上の差異にすぎません。一神教を信じる人びとは、それとは別に平面に対して「垂直方向の軸」を持っているのです。この軸に関しては、大企業のエグゼクティブだろうとホームレスだろうとなんら変わりはありません。そのような違いは、平面上の違いでしかなく、平面に垂直な軸に対する評価に影響しません。どんな成功者でも、どれだけお金を持っていても、神様から見ればみんな等しく、平面にへばりついた虫けらのようなものなのですから。

神様が、最後の審判で救う側に選ぶのに使う、この「垂直方向の軸」こそが、アメリカ人にとって、最も重要な軸なのです。

この「垂直方向の軸」があるために、アメリカ人はたとえ仕事で失敗しても、それによって自分が全面的に否定されたと感じることがない。仕事を失ったからといって、居場所がなくなると感じることもない。厳しい競争社会でありながら、アメリカ人が日本人ほど自殺しないのはそういう理由もあるでしょう。

日本では、どういうわけか会社でのポジションや、給料の額が自分の人格を代表しているような思い込みがあります。だから日本人の間では他人の給料の額を訊くことはタブーですし、間違って同期よりも月給が五〇〇円少ないことに気づきでもしようものなら、かなりの精神的なダメージを受けてしまうわけです。

ましてや、会社をクビになって明日から出勤する場がないともなると、この世のどこにも居場所がないと勘違いしてしまう人が出てくるのも無理はないでしょう。

日本人もアメリカ人のように、なんらかの「垂直方向の軸」を持てれば、たとえ経済状況が厳しいままだとしても、自殺者も減るでしょうし、社会全体の空気も明るくなるのだろうと思います。とはいえ、日本人もクリスチャンになれというのは無理があります。

だからこそ、会社から離れた専門職としての安定感を手に入れていくことは、日本人にとっては非常に重要なのではないでしょうか。

「垂直方向の軸」が持てればそれに越したことはありませんが、それが無理だとしても、せめて現在いる会社での評価と自分の価値を別の軸で考えられるようにするのです。

「いまの職場では評価されていないけれども、競合に転社すればもっと力を発揮できるかもしれない」「会社はクビになったけれども、自分のスキルとマッチする会社を探せばいい」。そんなふうに考えられれば、少なくとも仕事を失ったからといって自殺しようとは思わなくなるでしょう。

変わるためにどうするのか

ここまで述べてきた通り、厳しい環境に個人として対応していくために、そして日本経済の活力を取り戻すために、これからのビジネスパーソンは働き方や仕事に対する考え方を大きく転換していかざるをえないと思います。

とはいえ、これまでのやり方とは反対方向にいくのですから、ロールモデルはありません。また、新しいことをやるということには漠然とした不安もつきまとうでしょう。

そこで、変わるためにはまずどこから手をつけたらいいのか、どのようなアクションを起こしていけばいいのかについて、いくつかのアドバイスをさせてもらおうと思います。

一つは、リスクを取ることです。

どんなに小さなことでもかまわないので、仕事のうえであえてリスクのある選択肢を選んでみる。可能な限りリスクテイクするという習慣をつけていくのです。

たとえば、若いビジネスパーソンなら、これまでやったことのない仕事を振られたらとりあえず引き受けてみることです。

特に、会社として新事業に乗り出すようなチャンスがあれば、積極的に手を挙げてみましょう。

ある程度のポストにある人なら、マネジメントの場面でリスクを取っていくことになるでしょう。たとえば、ある仕事を任せていいかどうか微妙なラインの部下がいたら、思い切って一任してしまう。自分がよくわからない分野のことにアリバイ的に口出しするのをやめ、若い人たちに好きなようにやらせてみる、などです。

リスクを取る理由は簡単で、リスクが大きいほどリターンも大きいからです。

わかりやすい例でいうと、同じ仕事だけをしていたら部長止まりだとしても、新規事業に手を挙げることで「分社化することになったから、副社長を任せたい」といわれるかもしれないのです。

しかも、これだけ環境が厳しくなってくると、大人しくしていてもジリ貧になるのですから、相対的にリスクを取ることのデメリットは低下しています。

また、リスクのある仕事は、自分の「できることリスト」を増やしてくれることが多いものです。

私の場合でいえば、思い切って外資に飛び込んだことで、英語を勉強せざるをえなくなりました。

転社・転職ほど大きなリスクを取らなくても、効果はあります。いつもより納期の短い仕事を引き受けたためにより効率的な業務フローを思いついた、人に任せていた資料作成を自分でやってみてパワーポイントのスキルが上がった、といった経験は誰にでもあるのではないでしょうか。

「リスクを取れ」といわれたとき、誰でも心配するのは失敗したときのことでしょう。

たしかに、「新規事業に果敢に手を挙げたはいいけれど、見事にコケて責任を取らされることになる」といった事態は誰しも避けたいものです。

それを理解したうえで、私はあえて「それでも何もしないよりはマシ」と申し上げたいと思います。

たとえリスクを取って失敗し、最悪の場合、会社を追われることになったとしても、その人は貴重な失敗の経験を手に入れています。悪戦苦闘するなかで、「できることリスト」には新しい項目がたくさん増えていることでしょう。こういう財産を手に入れて放り出されるのは、ただただ大人しくしながら「うちの会社が傾きませんように」と祈っているよりよほどマシだと私は考えますが、どうでしょうか。

ここまでくると、個人の価値観の問題になってきますから、同意できないという読者も多いかもしれません。それは仕方がありません。

けれども、リスクというのは必ずしも嫌うべきものではない、ということだけは理解していただきたいと思います。慎重な人は慎重な人なりに、ごく小さなリスクテイクをまずは試してみてほしいのです。

リスクを取れないなら沈黙することも大事

ただ、いくらリスクを取ることのメリットを説明しても、やはり「いざ一歩を踏み出すとなると躊躇してしまう」という方もいるでしょう。その気持ちはよくわかります。

世紀が変わってからは特に、ビジネス環境の変化はスピードアップするばかりです。「これまでやったことのない仕事に手を挙げてみては」といわれたとき、それが従来の仕事から一メートルジャンプするくらいの距離にあれば、大した勇気はいりません。しかし、変化が激しくなると、従来の仕事と二メートル、あるいは一〇メートルも離れている「新しい仕事」が次々に現れてきます。

ただでさえ不況でストレスを受けているところに未知の仕事を与えられ、「リスクを取れ」といわれても、足がすくんでしまうのは無理もないでしょう。

そういう方々にアドバイスするとすれば、哲学者ウィトゲンシュタインの言葉を拝借して、私はこういいたいと思います。

「語り得ぬことには、沈黙しなければならない」と。

人にはそれぞれ性分があり、抱えている事情があるのですから、リスクを取りにいけないことがあっても仕方がないでしょう。ただ、だからといって、リスクを声高に言い立てて、新しいことに挑戦する人の足を引っ張ることだけはやめましょう。

これは、特に決定権を持っている五〇代のビジネスパーソンにお願いしたいことです。前章でコンテンツビジネスについて書いたことと重なりますが、新しいものへの不安、恐怖ゆえに足踏みする年長者は少なくありません。自分が動けないだけならともかく、若い世代の挑戦を阻害してしまうのは非常に問題です。

やや厳しい言い方になりますが、こうした弊害を振りまくくらいなら、せめて黙っていていただきたい。沈黙すべきときには沈黙する節度を持っていただきたいと切に願います。

中高年こそ学びやすい会社の仕組み

リスクテイクに慣れていくことに加えて、もう一つぜひおすすめしておきたいのが、会社の仕組みを学ぶことです。

具体的には、財務諸表の読み方と、会社を取り巻く法律を学んでみることをおすすめします。

財務省表の読み方については、『村上式シンプル仕事術』（ダイヤモンド社）でもその重要性を強調しておきました。会社の価値を端的に表しているのが財務諸表であり、また財務諸表に現れるお金の流れが健全であることは会社存続の条件です。

なにも基礎から簿記を身につけるわけではなく、財務三表の論理的関係を把握できるようになれば十分なのですから、入門書を買ってきて読めばいいだけのことです。財務三表が読めない人は、いますぐ手をつけましょう。

会社を取り巻く法律も、あくまで基本的な知識を大雑把につかむことが大事です。勉強の進め方としては、まずは会社設立のプロセスから学んでいくのがやりやすいでしょう。

自分が会社を設立するつもりで、インターネットや入門書を使って、どんな手続きが必要なのか、定款には何を書けばいいのか、といった「会社のつくり方」をひと通り見ていくのです。

自分が奉職している会社なるものが、法律上はどのように定義付けられるものなのか。どんな手続きを経て誕生するものなのか。これを知ることは、サラリーマンにとっては自分の仕事の根源を見直すいい機会になるはずです。

それがすんだら、今度は会社の清算手続き、倒産法制といった「会社の終わり方」も学んでみましょう。入口と出口を押さえるわけです。

さらに、税法や労働法といった、会社がその活動に伴って課されているさまざまな法的枠組みについても勉強しましょう。

念を押しておきますが、あくまでも基本的なことだけを勉強するのが大事です。書店にいって、各分野につき一冊ずつ、一番薄い入門書を買ってくれれば十分です。しかも、全部を熟読するのではなく、理解できないところは飛ばしながらざっと読むくらいのイメージでいいでしょう。細部にこだわりすぎて挫折したり、時間を浪費するのはばかげています。ほんとうにごくごく基本的なことだけ押さえれば十分です。

財務諸表にせよ法律にせよ、この程度の勉強にはたしてどれだけの意味があるのか、いぶかしく思われるかもしれません。しかし、その意義は極めて大きいのです。

最近起こったいくつかの企業スキャンダルを見ていると、日本のビジネスパーソンの「会社の仕組み」に対する無知、不勉強には驚くべきものがあります。そういう人が平社員でいるぶんにはかまわないでしょうが、なんと平気で有名企業の経営者になっている。これは大きな問題です。

たとえば、損失隠しが発覚しているのに、「知らなかった」という取締役の、言い訳になるはずもない言い訳を平然としてしまうのは、根本的に「会社の仕組み」が何もわかっていないととられても仕方がないでしょう。

たしかに、「会計基準のグローバル化」とか「コンプライアンス」とかいった言葉だけはこの二〇年ほどの間にすっかり普及しました。けれども、ほんとうに会社の仕組みを理解してやっていいことと悪いことを理解している人はめったにいない。甚だしい場合には、社長や会長といった肩書きがついていてもまったく理解できていない人もいる。それが日本のビジネスパーソンの現状なのです。

ということは、ごく基本的ではあっても、財務諸表や法律を学んでおけば大きな強みになるわけです。やらない手はありません。

先ほどの「リスクを取れ」というアドバイスは、どちらかといえば若い人に実行しやすいものでした。これに対して、会社の仕組みの勉強は、中高年のビジネスパーソンこそ有利な分野です。

たとえ会計や法律の知識がなく、勉強した経験もゼロだとしても、ベテランのビジネスパーソンはそのぶん豊富な実務経験を持っています。そのため、会計学や法律学の抽象的な概念を、「ああ、あれのことか」と体感的に理解できることが多いわけです。新しい知識を学んでいくうえで、自分の経験をヒントにできるというのは非常に有利なことです。

今後、日本の会社はグローバルスタンダードにしたがって、適法に運営されなければ社会的に許容されなくなっていきます。というと、散々いい尽くされたことを蒸し返すようではありますが、ほんとうにその意味を理解している人は残念ながら少数です。

これまで会計基準とか法律といったルールは、「しょせんは建前」という認識が一般的でした。下手に振り回すと「堅いこというなよ」とかえって非難されかねないものだったのです。

しかし、これからはルールを杓子定規に守らなければ、会社はもちろん、そこに勤める個人も、それまで築き上げてきたものを一瞬で失う時代がくるのです。

オリンパス事件を例にとれば、関与した取締役たちはすでに会社から訴訟を起こされ、損害賠償を請求されています。文字通り身ぐるみ剥がされる可能性があるのです。

そういう時代に、個人として危険を回避するために、しかるべき勉強をしておくことは必須です。もちろん、身につけた知識は会社のために役立てることもできるのですから、会社の仕組みを学んだ人材の価値はこれからますます高まっていくでしょう。

第六章●あなたは世界をイメージできるか——

エリート社会アメリカの実像

第三章に書いた通り、四一歳でまだVP（副社長）になれていなかったことで、私はDEC本社でのキャリアに見切りをつけました。

DEC本社で出世コースにある人たちは、みな遅くても四〇歳までにVPになっていたのです。

実際に付き合ってみると、アメリカの一流企業でVP以上になるようなエリートというのは、本当に優れた人たちでした。

まず、彼らは受けてきた教育が普通の人とは違います。だいたいは二〇歳までに学士号(Bachelor's degree）を取って、そのうえでMBAなどの学位を取っています。つまり、飛び級をしているわけです。

卒業した大学がハーバードやスタンフォードといった一流校なのはもちろんですが、彼らの多くがボーディングスクール出身者なのも興味深いことでした。ボーディングスクール、あるいはプレップスクールというのは、日本風にいうと全寮制の中高一貫校のことで、ボストンやニューハンプシャーあたりに多く集まっています。

ボーディングスクールでは、教師はほとんどPh.D.（博士号）を持っていて、家族ともども広大なキャンパスのなかに住んでいます。ですから、寮にいる学生たちは、極端にいえば真夜中でも、勉強をしていてわからないところがあったら先生のところに質問にいけるわけです。もちろん図書館は夜間ずっと開いています。

こういう環境のなかで、生徒たちはラテン語、古典ギリシア語といったあたりから徹底的に基礎教養を叩き込まれるわけです。日本でいえば旧制高校を思わせるような、高度な教養教育です（もちろん、順序でいえば明治の日本が英米のエリート教育を真似たのでしょうが）。

中学・高校とこれだけ鍛えられたうえに、名門大学の入試も難関です。「アメリカの大学は入るのが易しい」といわれることもありますが、それは大嘘です。実際に娘をアメリカの大学に入れてみてわかりましたが、ものすごい競争があるのです。

「入るのが容易」という誤解が広まった理由は、おそらく日本のような大学ごとの学科試験がないからでしょう。そのかわり、SATという共通試験のスコアと高校の学業成績、面接のでき、さらには課外活動の実績といったものは非常にシビアに判定されます。リーダーシップなども含めて、総合力が問われる選抜の厳しさは日本の入試の比ではありません。まさにエリート選抜試験なのです。

これもよくいわれることですが、高校までの学習内容は、日本のほうがレベルは高いというのも実は正しくありません。

数学を例にとると、たしかにアメリカの高校生は一般的には日本の数ⅡB程度までしか勉強しないことになっています。日本で理系志望の高校生なら誰でも学ぶ、数ⅢCのレベルまでは高校では到達しないのです。

しかし、前述したボーディングスクールなどでは、できる子のためにアドバンスドクラスというものが用意されています。そこでは日本の高校数学と遜色ない内容を教えていますし、大学の学習内容も一部先取りされています。

できる子がどんどん先へいけるようになっているのは、母国語の授業でも同じです。

日本の高校国語の教科書に載っているのは、名作の一部抜粋です。たとえば、夏目漱石

『草枕』の冒頭「山路を登りながら、こう考えた。」以下の数頁、といった具合にです。

アメリカの場合『華麗なるギャツビー』を教材にするとしたら、クラス全員分のペーパーバックが用意してあります。何年も受け継がれたものでボロボロではありますが。それを渡して、「次の授業までに読んできなさい」と指示する。名作をまるごと読んだうえで、作品についてのエッセイを書かせて、成績を評価するわけです。

アメリカの「国語」授業では、高校生だからといって中途半端な教材を用意するのではなく、本格的な読書と批評の訓練を与えているのです。

ただ、母国語教育については、英語には日本語にはないメリットがあります。この点も述べておかないとフェアではないでしょう。

英語というのは、そもそも大人向けの文章を子どもでも読める仕組みになっています。アルファベットだからです。

日本の小学生一年生の大多数は「抱擁」が読めないでしょうし、読みがわからなければ国語辞典で調べることもできません。漢和辞典の引き方まで知っていて、はじめて意味を調べられるわけです。

ところが、アメリカの小学一年生は「embrace」の意味がわからなくても読むことはできます。アルファベットだからです。もちろん、意味を辞書で調べることも簡単です。するど、どういうことが起きるか。ちょっとませた子であれば、小学校一年で『チャタレイ夫人の恋人』が読めてしまうわけです。それがいいことか悪いことかは議論の余地があるでしょう。しかし、できる子、意欲のある子がいくらでも先に進めるようになっていることだけは間違いありません。

ちなみに、日本語であっても同様の環境をつくることは可能です。漢字すべてにルビをふればいいのです。実際、戦前の新聞は総ルビが基本でした。国語力の向上のためには、現在でも検討に値する方法だと思います。

ともかく、高等教育だけでなく、初等・中等教育の段階から、アメリカではエリート候補を前へ前へと押し出す仕組みになっていることはおわかりいただけたでしょう。

その結果、ビジネスエリートたちに学歴を聞くと、みな二〇歳までに学士号を取っているし、MBAは二二歳で取った、という話になるわけです。

ちなみに、最近は「MBAは大した学位ではない」「過大評価しすぎ」といった声もよく聞かれるようになりましたが、それは確かに一面では正しいでしょう。アメリカのビジネスパーソンの間では「ＭＢＡは取っているのが普通」だからです。

それでも、エリートと非エリートの差は「何歳でＭＢＡを取ったか」に如実に現れるのです。

もちろん、エリートが生み出されているのはビジネスの世界だけではありません。アカデミズムの世界でも、アメリカには二五歳くらいの教授がゴロゴロしています。とにかく、選ばれし者はどんどん先へ追いやられる仕組みになっているのです。

もう東大に行っても仕方がない

一方、日本の教育を見ると、先頭集団にいる子どもたちをエリート候補として後押しするどころか、むしろ足を引っ張っているように見受けられます。

そもそも、最大の問題は、日本のエリート候補の教育が、最終的には東京大学に入学することを目標にしてしまっていることでしょう。

問題をはっきりさせるためにあえて乱暴な言い方をしますが、いまどき博士号を取っても英語さえ話せるようにならない大学に行っても仕方がありません。大学を出てビジネスをやるにせよ、研究の道に進むにせよ、世界を相手にするためには英語ができなければ話にならないのですから。

少なくとも、修士課程以上では英語で授業をやるような大学でないと、これからの日本を背負って立つ人材は生み出せないでしょう。そう考えると、たとえ東大であっても「行く価値はない大学」といわざるをえません。まして、その他の日本の大学は推して知るべし、です。

グローバル化の名のもとに世界中の人びとが英語を押しつけられている状況を苦々しく思っている方は多いでしょう。私自身も、それが正しいことだとは決して思っていません。しかし、抗議の声を上げるとしても英語を使って抗議しなければどうにもならない、というのが現状なのです。

英語が世界共通語であり、身につけざるをえないということは、もはや与えられた条件と考えて対処していくしかないと思われます。

実際、中国などは、英語化する世界にいち早く対応しています。

一九八九年六月の天安門事件の直後のことです。アメリカ赴任中だった私は、著名な中国系音楽家のパーティに呼ばれていく機会がありました。

お酒に弱い私は、すぐに酔っ払ってしまい、やや気が大きくなったこともあって、「鄧小平の改革・開放というのは素晴らしいけれども、今回の事件の処置は受け入れられない」などと大声で話していました。

その音楽家はしばらく私の話を聞いていたのですが、やがて「ノリオ、壁際のところにずらっと並んでいる若い連中を見ろ」といいました。そこにはたしかに、中国人らしき若者がたくさん並んでいます。

「あれはみんな中国共産党の幹部の子弟だ」というので、「なんでこんなところにいるの？」と聞くと、「みんなハーバードやＭＩＴに留学してきているんだ」というのです。

いまから二十数年前、まだ市場経済への移行の途上で、天安門事件では国際的な非難を浴びていた中国は、すでにエリート候補を大量にアメリカ東部の大学に送り込んでいたのでした。

隣国のグローバライゼーションに対する備えの確かさは、日本にとって学ぶところが大きいと思います。

近年、グーグルは検閲問題などで中国と頻繁に交渉してきました。私のところに漏れ伝わってくる話によると、中国側の担当者の英語は非の打ちどころのないほど素晴らしいものだということです。

一方、グーグル日本法人では、日本語が得意な外国人を雇うことが増えてきています。英語が使える優秀な日本人がなかなか見つからないからです。

二十数年前、すでに共産党員の優秀な子弟を戦略的にアメリカの大学に送り込んでいた中国と、いまだに優秀な子の行き着く先が東大どまりの日本。その差は如実に開いてきています。

学問の世界にも「石川遼」がいていい

日本の教育のもう一つの問題は、年齢による制限をしてしまうことです。

すでに書いたように、アメリカのエリートはどんどん飛び級をして、二〇歳までには学士号を取ってしまいます。こんなことは日本では認められません。

では、日本では年齢に関係なく才能ある若者が活躍できる世界がまったくないかというと、そうでもないのが奇妙なところです。もっともわかりやすい例がゴルフの石川遼選手でしょう。彼は一六歳のとき、史上最年少でツアープロになっています。同様の例はスポーツ界や芸術界にはいくらでもあるでしょう。

ところが日本では、勉強をして学位を取り、実業界やアカデミズムで活躍するという、いわば「堅気」の世界では、けっして石川遼選手のような「飛び級」は許されません。まだ規定年齢に達してないという理由で足を引っ張るわけです。これは不思議なことではないでしょうか。

経営だろうと学問だろうと、才能があればたとえ一〇代でも第一線で活躍できます。実際、アメリカでは大学生の起業家は珍しくもなくなり、最近は中学生が創業するといった話も聞くようになりました。

そもそも、アメリカでは人の年齢を聞く、年齢を評価基準にするということ事態が基本的に忌避されています。よく知られている話ですが、採用面接で応募者の年齢を聞いたら、年齢差別（age discrimination）で訴えられてしまいます。若いからとか、年寄りだからといった理由で排除することは社会的に許容されていないわけです。

日本の場合、年齢を理由に足を引っ張ることが許されるのは、やはり長幼の序という考え方の影響なのでしょうか。あるいは、突出を嫌う横並び志向のせいでしょうか。いずれにせよ、ビジネスや学問の世界では「石川遼」が認められないというのは非常にもったいないことです。

実際、高校生のなかには、「学校の勉強なんてあほらしくてやっていられない」という子がいくらでもいるでしょう。特に灘高やラ・サールといった有名進学校では、高校一年までには高校の全課程の授業を終了して、残りの二年間は受験対策に専念するといいます。せっかく先取り学習をしているのに、余った時間を退屈きわまりない受験勉強につぎ込むのですから、できる子にとっては拷問に等しいでしょう。

それでも、受験勉強が能力開発に結びつけばまだ救いがあるのですが、日本の大学受験問題というのは間違った方向に進化してしまっています。

アメリカに住んでいた頃、借りていた家の大家さんは位相幾何学の専門家で、数学教科書作成の第一人者として知られる方でした。

ある日、大家さんが「ノリオ、日本の大学入試は難しいのか」と訊くので、いわゆる難関校でどんな数学の問題が出るのかを話したことがあります。

だいたい五問を二時間半で解いて、三問できたら合格、二問なら落ちる。出題範囲は一変数の微積分までである。それを聞いた大家さんの感想は、「Wasting time!」（時間の無駄）でした。

「なあ、ノリオ、君もわかるだろうけれども、四則演算だけだって複雑怪奇な問題はいくらでもつくれる。一変数の微積の範囲だって複雑怪奇な問題はいくらでもつくれる。でも、簡単なコンセプトによる複雑怪奇な問題をいくらやらせても意味はない。本来の数学教育とは、若い頭脳にいかに早く、複雑怪奇なコンセプトを教えるかが重要なんだ」

大家さんいわく、アメリカの数学教育、特に理科系向けのそれは「いかに早く量子力学を理解させるか」を目的としている。そのためには、微積分あたりで複雑怪奇な問題をやらせている暇はない。簡単な練習問題で新しいコンセプトを理解させながら、次々と前に進ませるべきだというのです。

これに対して日本では、超一流とされる進学校でさえ、せっかく先取り学習でできた時間の余裕を、さらに複雑怪奇な練習問題を解かせることに費やしているわけです。

これはなにも有名進学校だけの話ではありません。私の通っていた田舎の高校でも、勝手に勉強して高一で数Ⅲまでの勉強を終えてしまうような生徒はいました。そういう生徒に飛び級をさせず、みんなと同じ学年で足踏みをさせることにどういう意味があるのでしょうか。

現在の日本の教育制度は、若い才能、頭脳に足かせをはめて、わざわざ可能性をつぶしているようにしか見えません。早急に改善するべきですが、学制を変えて飛び級などを可能にしていくのには時間がかかると思います。

そこで、現状でも実行が可能な一つの方策として、私が提案したいのは次のような方法です。

有名中学校の受験対策はだいたい小学四年生からはじまるといわれています。そのため、優秀な生徒が集まる進学塾では、四年生を対象に選抜試験を行うことが多いようです。

この選抜試験での成績と、塾で何カ月か指導した段階での評価をもとに、小四の段階で中学校から仮合格証を出してもらえるようにするのです。もちろん、前提として有名中学校と塾とが提携する必要があるでしょう。たとえばＳＡＰＩＸと麻布が提携する、というようにです。

すると、ＳＡＰＩＸの試験に通り、麻布から仮合格証をもらった小学四年生はもう中学受験の勉強（四則演算だけで複雑怪奇な問題を解くような、時間の無駄の典型です）をする必要はありません。そこで、塾では中学校の数学をはじめてしまいます。すると、麻布中学に入学する頃にはもう高校の数学をはじめられるでしょう。

こうしてどんどん先取り学習をしていくのですが、その目標が東大だと、いままでと同じです。重要なのは目標を変えること。

そこで、ここまで勝手に「飛び級」で来ることができた優秀な子どもは、ＭＩＴなりハーバードなりを目指すようにすればいいのです。高一くらいまでには学力は十分についているはずですから、日本の高卒資格が得られるまでの期間は英語対策に費やせばいいでしょう。

これはほんの一案ですが、才能を伸ばすための適切な仕組みをつくれば、学問の世界にも続々と「石川遼」が生まれてくるはずです。

特に、理科系の学問のなかには年をとるとなかなか業績を上げにくい分野もありますから、スタートが早くなる意義は大きいでしょう。この仕組みを導入すれば、日本のノーベル賞受賞数は数倍にはなるのではないでしょうか。もちろん、ビジネスの世界でも世界を相手にできる若者を輩出できることはいうまでもありません。

上昇志向を否定する「スターリン主義」の再流行

エリート教育の話をここまでしてきましたが、どんな人であってもしかるべき努力をすれば能力は向上します。個人がそれぞれに持っている能力を伸ばし、最大限発揮していくことは社会全体にとって好ましいことのはずです。

それは、ラリー・ペイジとセルゲイ・ブリンという二人の天才が生み出した検索エンジンのグーグルが、人類にどれほどの恩恵を与えたかを考えればわかることでしょう。

ところが、現代日本には、上昇志向を憎み、抜きん出た人を罪人のように扱うメンタリティが広がりつつあります。

一般には格差社会批判とか、強欲な資本主義批判といった形をとるこれらの言説ですが、私はこうした傾向を「スターリン主義の再流行」と捉えています。

スターリン主義という言葉は、いうまでもなく、ソ連の最高指導者であったスターリンの行った専制的な政治に起源を持ちます。その内容は、簡単にいえば極端な平等主義です。実現不能な平等を理想に掲げ、罪悪感を利用して個人を抑圧するのです。

スターリン主義者たちは、「他人より少しでも抜きん出ることは罪悪である」とか「金を儲けたらそれをすべてみんなに分配しないと、道徳に反する」などといいます。これだけを聞くと、弱者を思いやる善良な考え方のように感じる方もいるかもしれません。

しかし、この論理を突き詰めていった先にあるのは、カンボジアでポル・ポト派が行った虐殺です。

ご存知のようにポル・ポトは、百万人単位のカンボジア人を虐殺しています。その論理はまさに「他人より少しでも抜きん出ることは罪悪である」という平等主義でした。たとえば医師や学者、技術者といったインテリ層は、知的に優れているがゆえに平等を脅かす犯罪者とみなされ、次々と連行されて殺されたのです。

もちろん、いま日本で格差社会批判をしている人たちがポル・ポトのような恐怖政治を理想としているわけではないでしょう。しかし、本当に平等な社会をつくろうとしたら、少しでも周囲から抜きん出ようとすること自体を罪とみて、向上心を持つ人びとを罰することになるのは当然の帰結でしょう。それでも抜きん出てしまう人は抹殺するしかなくなるでしょう。

こういう危険な論理を内包していることに無自覚なまま、善意のつもりで平等を訴える人が増えているのが心配なところなのです。

平等主義による抑圧は、為政者にとっては都合のいいものです。

というのも、厳しく取り締まるまでもなく、個人が自主的に自分をコントロールし、時には自分を罰するからです。善良な人びとは、ちょっとでも周囲から抜きん出ると「自分は罪を犯した、人民の敵だ」と反省し、「みんなよりちょっと大きいパン食べてしまった」

といっては自己批判をするのですから。

生きている以上、人間は多かれ少なかれ利己的にならざるをえません。完全に私利私欲を捨てることなど不可能です。

スターリン主義の恐ろしいところは、その不可能なありえない人間を人間の理想像として掲げることです。誰も達成できない目標を掲げておいて、達成できない人を責める。すると、善良な人、誠実な人ほど簡単に支配されてしまうことになります。こうした卑劣な支配が、スターリンのやったことであり、毛沢東がやったことであり、ポル・ポトがやったことなのです。

本書では、何度か私の学生運動経験に言及してきました。私はまさに全共闘世代のど真ん中に位置します。

この全共闘運動は、そもそもがスターリン主義に対する批判を柱としていました。「反帝反スタ」というスローガンからも明らかですが、アメリカを中心とする西側諸国の帝国主義にはもちろん反対するけれども、同時にソ連を頂点とする既成左翼のスターリン主義にも反対する、というのが当時の学生たちの共通の主張だったのです。

特に、私などは「反帝」よりもむしろ「反スタ」に重点を置いていました。スターリン主義は人間の最も醜い部分を体現した思想だと感じたからです。

ですから、あれから半世紀近くがたったいま、「こんなにピュアな形でスターリン主義が日本に復活してくるとは……」と、やや暗澹たる気分になってしまうわけです。

「情緒経済学」が日本をダメにする

格差社会や市場原理主義を批判する文脈で、「いまこそマルクスを読もう」といい出す論者も最近は増えています。元左翼学生にいわせてもらえば、こうした理解は誤解もいいところです。

そもそもマルクスは、最終的にどんな国家をめざすべきか、具体的なことをなんら書き残していません。もちろん、共産主義社会という目標を示してはいますが、それがどんな社会かをはっきりと提示してはいないのです。

ただ、マルクスは、自分が何をめざしていないかははっきりと述べています。ドイツ社会民主党を批判した『ゴータ綱領批判』のなかで、「自分よりあいつのほうが多くとっている、けしからん」とか、「みんなに平等に富を配分しましょう」といった足の引っ張り合いを明確に否定しているのです。そんなことをやっている間は資本主義段階であって、共産主義はそういうレベルを突き抜けたコンセプトである——というのがマルクスの考えでした。

また、マルクスを誤読している論者たちは、しばしば「企業が儲けることは悪だ」という姿勢をとります。そこから「利益を残すぐらいならもっと従業員に分配しろ」「ぜったいにリストラなんかするな」という主張も出てくるわけです。

これもまた、本当にマルクスを読んでいるのか疑わしくなる不見識です。マルクスは資本主義の構造的な問題を指摘したかったのであって、資本家や企業を悪者にしてすませるような安直な思想家ではありません。むしろ、そういった俗受けする資本主義批判をこそ乗り越えようとしたのですから。

第三章では、「非正規雇用はかわいそうだからすべて正社員にしろ」といった類の「浪花節的一段階論理」が幅を効かせている、と書きました。マルクスを誤読して見当違いなことを主張する人びとも、「浪花節的一段階論理」の一類型といえるでしょう。要するに、マルクスの説いた「経済学批判」ならぬ情緒経済学でものをいっているのです。

それでも、まったくの素人として発言しているのならまだいいのですが、彼らのなかには経済学者とか哲学者とかいった肩書きを持っている人もいます。すると、いいかげんな発言がそれなりに信用されてしまう。そこが問題なのです。

さらに、日本のマスコミのあり方も問題を増幅しています。

なかでも私が気になるのはテレビのニュース番組のつくり方です。日本のニュース番組のどこがいけないのかは、アメリカのニュース番組と比較してみるとよくわかります。

アメリカのニュース番組では、「アンカーマン」と「コメンテーター」の職分が完全に分かれています。

アンカーマンというのはニュースを読み、番組を進行する、いわゆるニュースキャスターです。このアンカーマンに求められるのは、コメンテーターに的確な質問ができるだけの見識です。

経済のニュースなら、どこが論点になるのか、視聴者が理解しにくいポイントはどこかをきちんと見極め、適切な質問を用意できなくてはいけません。

　これは生半可な見識でできる仕事ではありませんが、にもかかわらず、アンカーマンは自分の意見を述べることは決してありません。なぜなら、彼はジャーナリストであって、専門家や当事者ではないからです。

　意見を述べる役目を担うのが、コメンテーターです。この席に座るのは正真正銘の専門家や当事者でなければなりません。経済ニュースであれば、ノーベル賞クラスの経済学者でなければコメンテーターの資格はないのです。

　つまり、アメリカのニュース番組は、超一流の専門家が、これまた超一流のジャーナリストであるアンカーマンの質問に答えて意見を述べる、という形で進行していくのです。

　これと比較すると、日本のニュース番組のどこがまずいのかがわかるでしょう。

　まず、最大の問題はアンカーマンが自分の意見を得意げに開陳してしまうことです。それこそ「大企業だけが潤うのはけしからん」といったレベルの床屋政談が電波にのってしまい、影響力を持ってしまうのです。

　コメンテーター役の専門家も、ノーベル賞級を揃えられないのは仕方がないにしても、論文もろくに書いたことのないような「大学教授」を「経済学者」として出演させてしまうのはさすがにまずいでしょう。彼らに語れることは所詮「情緒経済学」でしかないのですから。

日本にスターリン主義が再流行しているのは、自称専門家たちが「情緒経済学」による言説をたれ流しているせいもあるのでしょう。

食うために働け、同時に世界をイメージせよ

スターリン主義が再流行し、金儲けや成功を罪悪視するメッセージが蔓延している世の中だからこそ、健全な向上心と私欲をもって一人ひとりのビジネスパーソンが働き続けることが大切です。

第四章で紹介したハイエクがいうように、個人が私欲を追求しながら経済を回していくことが、より多くの人により多くの富を配分する最も確実な方法なのですから。

ただ、現在はビジネスパーソンがひたむきに働き続けることがやや難しい状況になって

いるのは確かです。かつてのように、新卒で入った会社に労働力を投資すれば、定年までにそれなりの利益が還元されるという見通しは持てなくなりました。

それ以前に、自分が働く部署がいつなくなるかわからない、そもそも会社の存続も不確かである、という認識が日本でも普通になりつつあります。

こうした不安定な状況のなかで、どうやって働き続けるか。そのためのアドバイスは、本書のなかでいろいろな言い方で紹介してきましたが、要するに自分のスキルを会社依存型から独立型自立型に組み替えるということがポイントになってくるでしょう。

つまり、私の場合でいえば、日立電子のなかの特殊なスキルを身につけるにとどまらず、それを一般化してどの会社でも役立つ形に自分の経験なりノウハウなりを組み替えられたことでキャリアパスが開けたということです。

いまいる会社がずっと堅調ならそれに越したことはありませんが、万一放り出された場合に他社でも役立つスキルを持っているかどうか。あるいは、縁あって他社からヘッドハンティングされたときに、期待に応えるだけの普遍的な能力を持っているか。その点を検討しておくべきです。そのための具体的な道具として、前章で述べた「できることリスト」をまずチェックしてみることからはじめるといいでしょう。そのうえで、リスクを取れるところでは取り、会社の仕組みを勉強するなどして「できること」を増やしていくしかありません。

さらに、ある程度の自己点検をすませた後は、腹をくくることも大事です。

そこで生きてくるのが、「食うために働く」という考え方です。

第一章で申し上げた通り、働く理由の根本は、明日の食料を得るためです。明日の食料に戦慄するから、私たちは仕事を求めるわけです。

その根本に立ち返ると、会社を放り出されるくらいのことは、実は大した問題ではないことがわかります。

たしかに、それはサラリーマンとしては最悪の事態かもしれませんが、だからといってただちに明日の食料に事欠くわけではないのです。前職より条件は悪いにしても次の職場が見つかるかもしれないし、なかなか再就職できなくてもアルバイトで食い扶持くらいは稼ぐことができるでしょう。

逆にいうと、仮にビジネスパーソンとして最大級の成功をおさめたとしても、一人の人間という小さな存在であることに変わりはないのです。

たとえば、ビル・ゲイツが五〇部屋もあるような豪邸に住んでいるとしても、寝るときに占有するスペースは一畳ほどのものです。どんなに豪華な料理を食べるとしても、一日三回も食べればもうそれ以上は、胃袋には入らないわけです。

「勝ち組」にせよ「負け組」にせよ、人間の身の丈でしか生きられないという点ではいささかも変わりはありません。

といっても、私は「成功には意味がない」といった偽善的なことをいいたいのではありません。あくまでも「食うために働く」という原点に帰れば、働くことにまつわる不安は大したことではないと申し上げたいのです。

もちろん、「食うために働く」と腹を据えても、なお「これでいいのか?」という疑問が湧いてくることはあるでしょう。当然のことです。

そして、その疑問のなかにこそ、成長のヒントが隠されているのだと私は思います。

私の場合、「食うために働く」と決心しても、どうしても心にひっかかるのは「自分が転向した」ということでした。世界革命を起こすという理想から外れた自分はこれでいいのか、という内心忸怩《じくじ》たる思いが、ずっとつきまとっていたわけです。

この内心忸怩たる思いがあり、「これでいいのか」と考え続けたからこそ、私は仕事の意味について深く考えることができたと思います。まずは食うためだが、一方で仕事を通じて社会に貢献するという意味もある。

技術者としてエネルギー問題解決や通信技術の向上に貢献し、世界をよりよい場に変えていくこともできる、というようにです。

さらに、自分の仕事を意味付けるために、世界の中で自分の仕事を位置付けるようになっていったことも、自分にとっては大切なことでした。第二章で述べたように、たとえ雑巾掛けをしていても世界とのつながりを意識するという習慣がついたのです。

この習慣があるおかげで、私は常に高い視点から自分の仕事を見られるようになりました。これは、私がマネジメントに携わるようになったことと無関係ではないでしょう。

結局のところ、私は「食うため」に目の前の仕事に必死で食らいつくことと、頭の片隅で世界に思いを馳せることとの間を行き来しながら四〇年間仕事をしてきたということなのでしょう。

「食うために働け。そして、世界をイメージせよ」

子どもたちが靴も履けなかった貧しい時代に生まれ、学生時代は世界革命をめざした私が、若い世代に送るアドバイスは、この二つのことに集約されるのかもしれません。

おわりに

本書は、㈱ＰＨＰ研究所の月刊誌『ＴＨＥ21』に連載した「人は何のために働くのか？」というインタヴュー記事が、基になっています。

したがって「はじめに」で、「これまでの自分の経歴を振り返ってみよう――ということで書きはじめたのが本書です」というのは、正確ではありません。「しゃべりはじめた」というのが、より正確な表現であります。

ということで、そのような機会をいただいた、『ＴＨＥ21』編集部編集長の高塚正則さんに、心から御礼申し上げたいと思います。高塚さんには、インタヴューにおいて、読者の皆様を代表する立場から、的確な質問を投げ掛けていただき、お陰ですっかり忘れていた思いもかけないようなことも思い出すことができました。連載並びに本書が、少しでも読者の皆様の参考になり、お役に立てたとしたら、それは、何よりも高塚さんの功績であります。

また、語り下ろしということで、脈略のないことを時間の前後も物事の論理的順序も無視して、思い出す順にしゃべりまくりましたので、それを、録音から起こして、このようなまとまりのある形に整理する作業は、困難を極めただろうと推測いたします。それを、粛々とやり遂げていただいたライターの川端隆人さんにも、心から感謝したいと思います。

「ツキの村上」は、今回またしても、そのような稀有な「ツキ」に恵まれたわけであります。

二〇一二年三月

東日本大震災一周年を迎えて　合掌

村上憲郎［むらかみ・のりお］

1947年、大分県生まれ。70年、京都大学工学部資源工学科卒業。日立電子㈱にて、ミニコンピュータのシステムエンジニアとしてキャリアをスタート。その後、日本ＤＥＣ㈱の人工知能技術センター長、５年間の米国マサチューセッツＤＥＣ本社勤務ののち帰国。取締役マーケティング本部長、インフォミックス㈱代表取締役社長兼米国本社副社長として活躍。97〜99年までノーザンテレコムジャパン㈱代表取締役社長。引き続き、米国本社が吸収したベイ・ネットワークスの日本法人との統合を成功させ、ノーテル・ネットワークス日本法人社長を務める。2001年、ドーセント㈱日本法人を設立。03年4月、グーグル米国本社副社長兼日本法人社長に就任。08年12月で社長退任、名誉会長就任。10年12月、名誉会長退任。現在、㈱村上憲郎事務所代表取締役。

著書に『村上式シンプル英語勉強法』『村上式シンプル仕事術』（以上、ダイヤモンド社）などがある。

一生食べられる働き方

PHP新書 790

二〇一二年三月二十九日　第一版第一刷

著者――村上憲郎
発行者――安藤　卓
発行所――株式会社PHP研究所
東京本部――〒102-8331 千代田区一番町21
新書出版部 ☎03-3239-6298（編集）
普及一部 ☎03-3239-6233（販売）
京都本部――〒601-8411 京都市南区西九条北ノ内町11
組版――朝日メディアインターナショナル株式会社
装幀者――芦澤泰偉＋児崎雅淑
印刷所
製本所――図書印刷株式会社

ISBN978-4-569-80281-7

PHP新書

PHP INTERFACE
http://www.php.co.jp/

PHP新書刊行にあたって

「繁栄を通じて平和と幸福を」(PEACE and HAPPINESS through PROSPERITY)の願いのもと、PHP研究所が創設されて今年で五十周年を迎えます。その歩みは、日本人が先の戦争を乗り越え、並々ならぬ努力を続けて、今日の繁栄を築き上げてきた軌跡に重なります。

しかし、平和で豊かな生活を手にした現在、多くの日本人は、自分が何のために生きているのか、どのように生きていきたいのかを、見失いつつあるように思われます。そして、その間にも、日本国内や世界のみならず地球規模での大きな変化が日々生起し、解決すべき問題となって私たちのもとに押し寄せてきます。

このような時代に人生の確かな価値を見出し、生きる喜びに満ちあふれた社会を実現するために、いま何が求められているのでしょうか。それは、先達が培ってきた知恵を紡ぎ直すこと、その上で自分たち一人一人がおかれた現実と進むべき未来について丹念に考えていくこと以外にはありません。

その営みは、単なる知識に終わらない深い思索へ、そしてよく生きるための哲学への旅でもあります。弊所が創設五十周年を迎えましたのを機に、PHP新書を創刊し、この新たな旅を読者と共に歩んでいきたいと思っています。多くの読者の共感と支援を心よりお願いいたします。

一九九六年十月

PHP研究所

PHP新書

［経済・経営］

078 アダム・スミスの誤算　佐伯啓思
079 ケインズの予言　佐伯啓思
187 働くひとのためのキャリア・デザイン　金井壽宏
379 なぜトヨタは人を育てるのがうまいのか　若松義人
450 トヨタの上司は現場で何を伝えているのか　若松義人
479 いい仕事の仕方　江口克彦
526 トヨタの社員は机で仕事をしない　若松義人
542 中国ビジネス とんでも事件簿　範 雲涛
543 ハイエク 知識社会の自由主義　池田信夫
547 ナンバー2《ツー》が会社をダメにする　岡本浩一
565 世界潮流の読み方
ビル・エモット［著］／烏賀陽正弘［訳］
579 自分で考える社員のつくり方　山田日登志
584 外資系企業で成功する人、失敗する人　津田倫男
587 微分・積分を知らずに経営を語るな　内山 力
594 新しい資本主義　原 丈人
603 凡人が一流になるルール　齋藤 孝
620 自分らしいキャリアのつくり方　高橋俊介
645 型破りのコーチング　平尾誠二／金井壽宏
655 変わる世界、立ち遅れる日本
ビル・エモット［著］／烏賀陽正弘［訳］
689 仕事を通して人が成長する会社　中沢孝夫
709 なぜトヨタは逆風を乗り越えられるのか　若松義人
710 お金の流れが変わった！　大前研一
713 ユーロ連鎖不況　中空麻奈
727 グーグル 10の黄金律　桑原晃弥
750 大災害の経済学　林 敏彦
752 日本企業にいま大切なこと　野中郁次郎／遠藤 功
775 なぜ韓国企業は世界で勝てるのか　金 美徳
778 課長になれない人の特徴　内山 力

［知的技術］

003 知性の磨きかた　林 望
025 ツキの法則　谷岡一郎
112 大人のための勉強法　和田秀樹
180 伝わる・揺さぶる！ 文章を書く　山田ズーニー
203 上達の法則　岡本浩一
250 ストレス知らずの対話術　齋藤 孝
305 頭がいい人、悪い人の話し方　樋口裕一
351 頭がいい人、悪い人の〈言い訳〉術　樋口裕一

390 頭がいい人、悪い人の〈口ぐせ〉 樋口裕一
399 ラクして成果が上がる理系的仕事術 鎌田浩毅
404 「場の空気」が読める人、読めない人 福田 健
432 頭がよくなる照明術 結城未来
438 プロ弁護士の思考術 矢部正秋
511 仕事に役立つインテリジェンス 北岡 元
531 プロ棋士の思考術 依田紀基
544 ひらめきの導火線 茂木健一郎
573 1分で大切なことを伝える技術 齋藤 孝
605 1分間をムダにしない技術 和田秀樹
615 ジャンボ機長の状況判断術 坂井優基
622 本当に使える！ 日本語練習ノート 樋口裕一
624 「ホンネ」を引き出す質問力 堀 公俊
626 “口ベタ”でもうまく伝わる話し方 永崎一則
646 世界を知る力 寺島実郎
662 マインドマップ デザイン思考の仕事術 木全 賢／松岡克政
666 自慢がうまい人ほど成功する 樋口裕一
673 本番に強い脳と心のつくり方 苫米地英人
683 飛行機の操縦 坂井優基
711 コンピュータvsプロ棋士 岡嶋裕史
717 プロアナウンサーの「伝える技術」 石川 顕
718 必ず覚える！ 1分間アウトプット勉強法 齋藤 孝
728 論理的な伝え方を身につける 内山 力
732 うまく話せなくても生きていく方法 梶原しげる
733 超訳 マキャヴェリの言葉 本郷陽二
747 相手に9割しゃべらせる質問術 おちまさと
749 世界を知る力 日本創生編 寺島実郎
762 人を動かす対話術 岡田尊司
768 東大に合格する記憶術 宮口公寿

［**言語・外国語**］

643 白川静さんと遊ぶ 漢字百熟語 小山鉄郎
723 「古文」で身につく、ほんものの日本語 鳥光 宏
767 人を動かす英語 ウィリアム・ヴァンス［著］／神田房枝［監訳］

［**宗教**］

123 お葬式をどうするか ひろさちや
210 仏教の常識がわかる小事典 松濤弘道
300 梅原猛の『歎異抄』入門 梅原 猛
469 神社の由来がわかる小事典 三橋 健
564 人生が開ける禅の言葉 高田明和
716 心が温かくなる日蓮の言葉 大平宏龍